Angelika Dombrowski

Deutsche Monumentalbrunnen im Kaiserreich

Studien zur Kunstgeschichte
Band 18

Angelika Dombrowski

Deutsche Monumentalbrunnen im Kaiserreich

1983
Georg Olms Verlag
Hildesheim · Zürich · New York

Angelika Dombrowski

Deutsche Monumentalbrunnen im Kaiserreich

1983
Georg Olms Verlag
Hildesheim · Zürich · New York

Printed in Germany
Umschlagentwurf: Paul König, Hildesheim
Herstellung: Druckerei Schmücker, Löningen
ISBN 3 487 07344 7

V O R W O R T

Die Hilfe und tatkräftige Unterstützung vieler hat das Zustandekommen dieser Arbeit erheblich gefördert.

Zunächst danke ich Herrn Prof. Dr. Martin Warnke, der meine Arbeit betreut hat. Die Anregung zu diesem Thema ging aus einem Seminar von Herrn Dr. Fritz Jacobs hervor, dem ich an dieser Stelle besonders danken möchte.

Die freundliche Unterstützung durch verschiedene Stadt- und Staatsarchive war für meine Arbeit eine besondere Hilfe.

Zahlreiche Freunde und Verwandte haben mich durch Anregungen, Ratschläge, Gespräche und tatkräftige Hilfe unterstützt. Ihnen allen danke ich an dieser Stelle ganz herzlich. Mein besonderer Dank gilt meiner Mutter, Frau Ingrid Zinnow, für ihre große sachliche und praktische Unterstützung, meinem Mann und meinen Freundinnen Christina Staske-Stieren und Monika Schmidt-Wankel.

Diese Arbeit wurde aus Mitteln der Graduierten-Förderung gefördert.

Angelika Dombrowski
Hamburg, im Oktober 1982

G L I E D E R U N G

1 EINLEITUNG

1.1 FORSCHUNGSGESCHICHTE

1.1.1 ALLGEMEINE ABHANDLUNGEN ZUR BRUNNENBAUKUNST

Die Literatur zur deutschen Brunnenbaukunst befaßt sich zumeist mit Werken aus der Zeit zwischen Romanik und Barock. Das 19.Jh. bleibt weitgehend ausgeklammert oder wird nur in kurzer Form abgehandelt. Dies mag mit dem Rückgang der Brunnenbaukunst seit der Mitte des 18.Jhs. in Zusammenhang stehen.[1] Abhandlungen über Brunnen aus der Zeit vor dem 19.Jh. beschäftigen sich entweder mit einer bestimmten Epoche oder mit einem oder mehreren Werken eines bestimmten geographischen Raumes, wobei durch Vergleiche auch weitere Brunnen derselben oder einer anderen Epoche zur Sprache kommen. Umfassende Darstellungen eines bestimmten Zeitraumes finden sich bei Richard Borrmann, Monumentale Wasserkunstanlagen im Städtebau des Altertums und der neueren Zeit, in: Städtebauliche Vorträge aus dem Seminar für Städtebau an der T.H. Berlin, Bd.3, Heft 5, Berlin 1910, bei Anneliese Rautenberg, Mittelalterliche Brunnen in Deutschland, Diss. Freiburg 1965, bei Renate Adolph, Die Entwicklung des Schalenbrunnens in Italien und Deutschland, Diss. Berlin 1943 und bei Werner Lindner, Schöne Brunnen in Deutschland, Berlin 1920. Zu den Darstellungen, die einzelne Werke einer bestimmten Gegend behandeln, gehören Kathrin Hoffmann-Curtius, Das Programm der Fontana Maggiore in Perugia, Düsseldorf 1968, die auch Vergleiche zu deutschen Brunnen zieht, Johannes Vollmer, Schwäbische Monumentalbrunnen, Berlin 1906 und Erich Fassl, Der Brunnen in Südwestdeutschland, Stuttgart 1966.

Eine weitere Literaturgruppe befaßt sich mit dem Brunnenbau in zeitlich durchgehender Form. Diese Publikationen beziehen das 19.Jh. in kurzer Form mit ein. Besonders verwiesen sei auf Georg Lill, Art. "Brunnen", in: RDK, Bd.2, Stuttgart 1948, Sp. 1278-1310, (o.V.), Art. "Brunnen" und "Brunnenplastik", in: Lexikon der Kunst, Bd.1, Leipzig 1968, S.359-361, Hans Volkmann, Die künstlerische Verwendung des Wassers im Städtebau, Berlin 1911 und Berthold Rein, Der Brunnen im Volksleben, München 1912. Abbildungsmaterial mit knappem Text ist enthalten in Heinz Arthur Graefe, Denkmäler und Brunnen in Deutschland, München 1968, Ernst Erich Pfannschmidt, Wasserspiele - Brunnen, Quellen und Fontänen, Tübingen 1967 und in dem Band Langewiesche Blaue Bücher, Tore, Türme und Brunnen aus vier Jahrhunderten deutscher Vergangenheit, Leipzig 1936.

1.1.2 LITERATUR ZUM BRUNNENBAU IM KAISERREICH

Eine allgemeine Darstellung der Brunnenbaukunst im Kaiserreich bietet Jürgen Wittstock, Adolf Hildebrands Hauptwerk - Der Wittelsbacher Brunnen in München, in: Oberbayrisches Archiv 101, 1978, unter dem Kapitel "Stellung im deutschen Brunnenbau des 19.Jahrhunderts", S.53-61. Geographisch eingegrenzte Abhandlungen liegen vor bei Peter Bloch, Heroen der Kunst, Wissenschaft und Wirtschaft, in: Trier,E. u.a. (Hrsg.), Kunst des 19.Jahrhunderts im Rheinland, Bd.4, Düsseldorf 1980, S.315 ff., Volker Plagemann, Denkmäler und Brunnen in Hamburg - Flut 1771-Feldzug 1870/71, Aachen 1973, wo über den gesetzten Zeitraum hinausgegangen wird, und Otto Joseph Bistritzki, Brunnen in München, München 1974. Eine Zusammenfassung der Zeitschriftenliteratur liegt vor bei Stephan Waezoldt (Hrsg.), Bibliographie zur Architektur im 19.Jahrhundert, Bd.2, Nendeln 1977, S.795-833. Es sind hier jedoch nicht alle Brunnen erfaßt, und zu den einzelnen Brunnen ist die Literatur nicht vollständig.

Zu Sonderproblemen im Zusammenhang mit Brunnen des Kaiserreichs sei verwiesen auf Volkmann 1911, Kap. "Künstlerische Verwendung des Wassers im Städtebau der Gegenwart und Zukunft", S.95 ff. Weiter befassen sich mit besonderen

Problemen Aufsätze in zeitgenössischen Zeitschriften, wie "Monumentale Brunnenbauten", in: "Kunstchronik" 1, 1866, S.26f., "Die Wasserversorgung von Kunstbrunnen", in: Zentralblatt der Bauverwaltung 24, 1904, S.538-540, Joseph Lux, Schöne Brunnen, in: Der Städtebau 1, 1904, S.134-136, G.Neumann, Der Brunnen in Stadt und Garten, in: Deutsche Bauhütte 1906, S.4ff. und "Über das Konkurrenzwesen bei künstlerischen Wettbewerben", in: Die Kunst 15, 1907, S.405-408.

1.2 EINGRENZUNG DES THEMAS

1.2.1 ZEITLICH - GEOGRAPHISCH

Seit der Mitte des 18.Jhs. kommt es zu einem Rückgang der deutschen Brunnenbaukunst.[2] Erst seit der Reichsgründung 1871 werden im Rahmen einer allgemeinen Häufung neuer Denkmalserrichtungen[3] auch wieder vermehrt Aufträge für Brunnenneubauten erteilt. Die im Katalogteil dieser Arbeit aufgeführten Brunnen wurden in der Zeit zwischen den Jahren 1877 und 1914 fertiggestellt. Der größte Teil der besprochenen Brunnen wurde zwischen 1888 und 1900 erbaut, was proportional etwa der zeitlichen Verteilung der Brunnenneubauten entspricht.

Geographisch umfaßt die Arbeit das Gebiet des Deutschen Reichs in seiner Ausdehnung zwischen 1871 und 1918. Der deutschsprachige Raum außerhalb des Deutschen Reichs wird nicht berücksichtigt.

1.2.2 STILISTISCH - INHALTLICH

Die in dieser Arbeit behandelten Brunnen dienen ausschließlich repräsentativen Zwecken. Neben diesen werden im 19.Jh. weiterhin Nutzbrunnen erstellt, wenn auch in geringerem Umfang als in früherer Zeit. In Gärten und auf kleinen Plätzen (Straßenecken) entstehen Zier- und Schmuckbrunnen.[4] Diese bleiben hier ausgeklammert, es soll lediglich auf Monumentalbrunnen eingegangen werden.[5]

Nichtfigürliche Brunnen und Wasserspiele werden nicht berücksichtigt. Die angesprochenen Brunnen sind plastisch geschmückt, die Plastik bildet den Hauptträger der ikonographischen Inhalte. Es ergeben sich drei thematische Hauptgruppen:

1. Brunnen, die das Kaiserreich oder einen Herrscher verherrlichen,
2. Brunnen, die an die Geschichte oder die Errungenschaften einer Stadt anknüpfen,
3. Brunnen, die eine Allegorie auf das Element Wasser darstellen.

Für jede dieser Gruppen, zwischen denen es selbstverständlich zu Überschneidungen kommt, bietet der Katalogteil einige Beispiele, ohne Anspruch auf Vollständigkeit zu erheben. Die Fülle des Brunnenmaterials, die in der Zeit des Kaiserreiches entstanden ist, macht eine Beschränkung erforderlich, die einzelne, bedeutende Werke zugunsten einer größtmöglichen inhaltlichen und stilistischen Vielfalt opfert. Märchen- und Tierbrunnen, die sich in der behandelten Zeit ebenfalls einer großen Beliebtheit erfreuten, bleiben ausgeklammert, weil diesen Brunnen das monumentale Element fehlt.

1.3 ZUR METHODE

Methodisch soll in zwei Abschnitten vorgegangen werden: zunächst wird das Thema problemorientiert nach organisatorischen, stilistischen und inhaltlichen Kriterien befragt, dann, im Katalogteil, werkorientiert nach einzelnen Brunnen aufgeschlüsselt. Die Brunnen sind nach Standorten in alphabetischer Reihenfolge katalogisiert, innerhalb dieser Reihenfolge nach dem Datum der Enthüllung. Für jedes Werk wird die Baugeschichte rekonstruiert, es schließt sich eine

Beschreibung und je ein Abschnitt zur Ikonographie und zur Herleitung an.

Die einzelnen Brunnen sind im Katalog numeriert, die Ziffern in Klammern beziehen sich in beiden Teilen auf die Katalognummern. Die Abschnitte "Baugeschichte", "Beschreibung" und "Ikonographie" können jeweils zu den Textteilen "Organisationshintergründe", "Künstlerisches Erscheinungsbild" und "Ikonographie" herangezogen werden. Ein über die Angabe der Katalognummern hinausgehender Verweis im Text wird nur gegeben, wenn das Hinzuziehen eines Katalogabschnittes für das Verständnis unerläßlich ist.

2 DER MONUMENTALBRUNNEN IM KAISERREICH

2.1 ORGANISATIONSHINTERGRÜNDE

Aus der Baugeschichte einzelner Brunnen lassen sich die Hintergründe rekonstruieren, vor denen die Brunnen entstanden sind. Bevor der Bau vollendet, sogar bevor er überhaupt begonnen wurde, erfolgten bereits eine Reihe organisatorischer Schritte. Aufgrund welcher Anlässe entstand die erste Idee zu dem Werk? Wer setzte die Ideen in konkrete Pläne um, durch wessen finanzielle Beteiligung wurde dies möglich? Wie schließlich sah der Weg aus, der bis zur Auftragserteilung an den Künstler beschritten wurde?

Von der einzelnen Baugeschichte ausgehend,soll nach der Beziehung zwischen Initiator und Art der Auftragserteilung gefragt werden, nach möglicher oder tatsächlicher Einflußnahme auf Organisation und Programm durch finanzielle Beteiligung, nach Diskrepanz zwischen Theorie und Praxis von künstlerischen Wettbewerben. Aus der Vielzahl der Einzelfälle sollen Typologien von Anlässen, Initiatoren, Finanzierungsmöglichkeiten und Auftragserteilung herausgearbeitet werden, die Allgemeingültigkeit für den Brunnenbau in der behandelten Zeit beanspruchen können.

2.1.1 ANLÄSSE UND INITIATOREN

In den meisten Fällen liegt für die Errichtung eines monumentalen Brunnens ein konkreter Anlaß vor. Der Grund, einen Brunnen zu errichten, kann in den Bereich des Städtebaus fallen, etwa mit der Neugestaltung eines Stadtteils, eines Platzes oder einer gärtnerischen Anlage zusammenhängen. Brunnen, die aus einem solchen Anlaß entstehen, werden gewöhnlich durch Stiftungen finanziert. Die Stiftung kann sich direkt auf die Errichtung eines Brunnens an einem ausdrücklich bestimmten Platz beziehen (4,8,11,16), sie kann jedoch auch schon Jahre oder gar Jahrzehnte zurückliegen und erst durch die neuen städtebaulichen Gegebenheiten Gelegenheit zur Verwirklichung bekommen haben (1o). Auch von städtischer oder staatlicher Seite werden Brunnen aus einem städtebaulichen Anlaß in Auftrag gegeben (9).

Der zweite Anlaß, aus dem Brunnen errichtet werden, liegt in der Ehrung von Personen oder in der Feier von Ereignissen. Diese Anlässe lassen sich nur teilweise voneinander trennen. Sobald es sich um offizielle staatliche Ereignisse handelt, wie das Jubiläum eines Herrscherhauses (1), wird zumeist gleichzeitig eine Person geehrt. Anders ist es bei Ereignissen, die keinen staatlichen Hintergrund haben. Diese lassen sich als Anlaß klar von der Ehrung einzelner Privatpersonen unterscheiden. Die Brunnen, die aufgrund einer Feier oder als Ehrung errichtet werden, werden gewöhnlich von staatlicher oder städtischer Seite in Auftrag gegeben, seltener als Stiftung.

Ein weiterer Anlaß für die Errichtung eines Monumentalbrunnens kann eine Stiftung oder ein Geschenk sein. Der Stifter finanziert hier nicht einen Brunnen, der aus einem von seiner Person unabhängigen Anlaß entstehen soll (s.o.), sondern er selbst bzw. seine Stiftung wird zu dem Grund, aus welchem der Brunnen errichtet wird (4,7,13). Wenn es sich bei der Stiftung um ein Legat handelt, übernimmt die Stadtgemeinde die Rolle des Auftraggebers und des Bauherrn.

Nicht immer ist der Grund für die Errichtung eines Brunnens eindeutig einer dieser Kategorien zuzuordnen. Es kommen Überschneidungen vor, Brunnen können aus mehreren Anlässen errichtet werden. Diese Fälle werden unter der Kategorie betrachtet, die für die Errichtung des Brunnens den wichtigsten Anlaß bildete.

Nach der Frage, warum ein Brunnen gebaut wurde, stellt sich die Frage, auf wessen Veranlassung dies geschah. Als Initiatoren fungierten staatliche Stellen, Stadtgemeinden, Verschönerungsvereine und private Stifter. Nicht immer finanzierte der Initiator den Bau in seiner Gesamtheit selbst, er suchte auch häufig nach Finanzierungshilfen außerhalb seiner Möglichkeiten. Auf die Finanzierung soll noch gesondert eingegangen werden. Da die Initiatoren eng mit den Bauanlässen verbunden waren, sollen sie gemeinsam mit diesen betrachtet werden.

2.1.1.1 Städtebauliche Anlässe

Rein städtebauliche Anlässe lagen bei der Errichtung der Dresdner Brunnen (5a und b) und des Hamburger Hygieiabrunnens (9) vor. In Dresden waren in den Grünanlagen des Albertplatzes bereits 1875 zwei Wasserbecken angelegt worden. Erst vier Jahre später wurde ein Wettbewerb ausgeschrieben, um diese durch Brunnenaufsätze zu verschönern. Die Mittel für die Brunnen stammten aus der Dr.-Güntz-Stiftung, die jedoch nicht als Initiatorin des Brunnenbaus gelten kann, da sie nicht speziell für die Brunnen ins Leben gerufen worden war. Initiatorin des Baus ist vielmehr die Stadt Dresden selbst, da der Stadtrat als Verwalter der Stiftung fungierte.[6]

Der Hygieiabrunnen entstand im Rahmen des Rathausbaus, nachdem das alte Rathaus durch Feuer zerstört worden war. Für den Bau verantwortlich war eine Rathausbau-Kommission unter Vorsitz von Bürgermeister Lämmerhirt. Zwischen der Kommission einerseits und den am Brunnenbau beteiligten Künstlern und Werkstätten andererseits traten die Rathausbaumeister als Vermittler auf, als Initiator fungierte dennoch letztendlich die Stadt, da die Kommission von Senat und Bürgerschaft abhängig war.[7] Der Bau des Brunnens war von Anfang an vorgesehen, nicht nur aus ästhetischen, sondern auch aus praktischen Gründen der Frischluftzufuhr.

Bei der Errichtung der beiden genannten Brunnen war allein der städtebauliche Gedanke ausschlaggebend. Den Hauptanlaß bildete er auch für den Bau des Hamburger Hansabrunnens, des Wittelsbacherbrunnens in München und des Siegfriedbrunnens in

Worms. Der Wittelsbacherbrunnen in München (14) stellte den Abschluß der Effnerschen Grünanlagen zum Straßenverkehr des Maximiliansplatzes her. Dieser Abschlußcharakter wurde für die formale Gestalt des Brunnens maßgebend. Daß als Thema des Brunnens eine Wasserallegorie im Vordergrund steht, hängt mit dem zweiten Anlaß zusammen, der Fertigstellung der städtischen Wasserversorgung. Der städtebauliche Faktor war für den Brunnenbau selbst jedoch ausschlaggebend, da Effner bereits bei der Anlage seiner Grünflächen als Abschluß einen Monumentalbrunnen geplant hatte.[8] So kann die Erinnerung an die Wasserversorgung nur als Anlaß für die inhaltliche Form des Brunnens gelten, nicht aber als Anlaß für die Tatsache, daß an dieser Stelle überhaupt ein Brunnen errichtet wurde. Die Initiative zu dem Bau des Brunnens ging von der Stadtgemeinde aus.

Der Hansabrunnen in Hamburg (8) und der Siegfriedbrunnen in Worms (16) entstanden aus städtebaulichen Gründen und zugleich aufgrund eines Geschenkes bzw. einer Stiftung. Der Hansabrunnen bildet das Zentrum des neuen Hansaplatzes, der dort durch Neubau von Häusern entstanden war. Der Initiator des Brunnenbaus, die "Hanseatische Baugesellschaft", die auch die umstehenden Häuser errichtet hatte, machte den Brunnen der Stadt zum Geschenk. Der Wormser Siegfriedbrunnen verdankt seine Entstehung ähnlichen Gründen: nach einer Umgestaltung des Aufstellungsplatzes wurde er von einer Privatperson, dem Freiherrn Heyl von Herrnsheim, der Stadt für eben diesen Platz als Stiftung übereignet.

2.1.1.2 Ehrung von Persönlichkeiten und Feier von Ereignissen

a) Ehrung von Herrschern und Herrscherhäusern

Als reine Beispiele dieser Kategorie können zwei Brunnen desselben Bildhauers gelten: der Maximiliansbrunnen in Bamberg (1) und der Frankoniabrunnen in Würzburg (17), beide von Ferdinand von Miller. Der Maximiliansbrunnen ehrt König Maximilian I.von Bayern, der ursprüngliche Anlaß für seine Errichtung war dessen 25jähriges Regierungsjubiläum. Dem König war am 16.2.1824 von der Stadt Bamberg ein Denkmal auf dem nach ihm benannten Maximiliansplatz versprochen worden. Über dieses Versprechen war eine Urkunde ausgestellt und dem König zugesandt worden.[9] Dabei blieb es erstmal. Erst nach einer Ermahnung des Regierungspräsidenten von Oberfranken am 9.10. 1874,von dem Budget für Pflege und Förderung der Kunst stärkeren Gebrauch zu machen,[10] wandte sich die Stadt mit der Bitte um Zuschuß für einen Monumentalbrunnen auf dem Maximiliansplatz an den Staat, um ihr 50 Jahre zuvor gegebenes Versprechen einzulösen.[11] Der Anlaß für die Errichtung des Brunnens liegt also ursprünglich in der Ehrung des Königs zu seinem Jubiläum. Die Ermahnung des Regierungspräsidenten gab den Anstoß, daß die Stadt initiativ wurde und schließlich den Brunnenbau veranlaßte.

Der Anlaß für den Bau des Würzburger Frankoniabrunnens (17) war der 70. Geburtstag des Prinzregenten Luitpold. Bei der Vorbereitung der Festlichkeiten kam man zu der Überzeugung, "daß die würdigste Huldigung des Kreises Unterfranken und Aschaffenburg in der Überreichung einer der hohen Bedeutung des Festes entsprechenden Adresse und in der Errichtung oder doch Gründung eines Werkes bestehe, welches über die Flüchtigkeit des Tages hinaus den kommenden Geschlechtern eine bleibende Erinnerung dieser Jubelfeier des ganzen Frankenlandes und ein schönes Denkmal der Treue und Anhänglichkeit Frankens an Bayerns geliebtes Königshaus sein solle. Als ein solches Denkmal wurde die Errichtung eines monumentalen Brunnens...erachtet und als der geeignetste Aufstellungsort wurde Würzburg als Geburtsstätte Seiner Königlichen Hoheit und zwar auf einem freien Platze daselbst bezeichnet."[12] Als Initiatorin fungierte eine Versammlung, die "unterfränkische Mitglieder der Kammer der Abgeordneten, des Landrathes, städtischer und gemeindlicher Korporationen, sowie Personen aus verschiedenen gesellschaftlichen Kreisen unserer Provinz..."[13]

umfaßte. Der Vorschlag ging von Regierungspräsident Graf von Luxburg aus.[14]

Der Berliner Neptunbrunnen (14) weist eine so verworrene Baugeschichte auf, daß der eigentliche Anlaß für seine Errichtung nur schwer zu erkennen ist. Hier vereinen sich städtebauliche Gründe mit der Ehrung einer Persönlichkeit und der Eigeninitiative des Künstlers. Auf dem Berliner Schloßplatz war schon zu wiederholten Malen ein Brunnen geplant gewesen, so nach den Befreiungskriegen und nach dem Krieg 1870/71.[15] Der Neptunbrunnen war von Begas jedoch ursprünglich für den Dönhoffsplatz gedacht gewesen.[16] Begas hatte seit 1880 ohne Auftrag an einem Brunnenmodell gearbeitet. Das Modell war lange in der Nationalgalerie aufgestellt, bis es schließlich von staatlicher Seite angekauft wurde. Begas wurde beauftragt, ein Gußmodell in natürlicher Größe vorzubereiten. Der endgültige Auftrag durch Staat oder Kaiser blieb jedoch aus. Nachdem im Jahre 1888 Kaiser Wilhelm II.den Thron bestiegen hatte, zeigte dieser lebhaftes Interesse an dem Modell, so daß sich die Stadt Berlin schließlich ihrerseits entschloß, den Brunnen in Auftrag zu geben, ihn dem Monarchen als Huldigungs- und Willkommensgeschenk darzubringen und auf dem Schloßplatz aufzustellen.[17] Der konkrete Anlaß, gerade diesen Brunnen zu errichten, liegt also letztlich in der Notwendigkeit eines Huldigungsgeschenkes. Als Initiatorin fungierte schließlich die Stadt, wenn auch die Eigeninitiative des Künstlers nicht vernachlässigt werden darf.

Die Gruppe der Brunnen, die zum Zweck der Ehrung eines Herrschers oder eines Herrscherhauses errichtet wurden,[18] weist eine besondere Gemeinsamkeit auf: die Brunnen entstanden alle auf die Initiative einer Stadtgemeinde oder städtischer Körperschaften. Brunnen, die einem Herrscher huldigen, werden in dieser Zeit weder vom Staat noch von privaten Stiftern veranlaßt.

b) Ehrung von bürgerlichen Persönlichkeiten

Die Ehrung einer Person, die nicht mit einem Herrscherhaus in Verbindung steht, gab bei der Errichtung des Magdeburger Hasselbachbrunnens (12) den Anstoß. Mit dem Brunnen sollte der verstorbene Oberbürgermeister Hasselbach geehrt werden. Dieser hatte Festungsanlagen im Süden und Westen der Stadt entfernen lassen und damit die Entwicklung einer Neustadt ermöglicht. Der Brunnen sollte an der Grenze zwischen Alt- und Neustadt aufgestellt werden, dem Ausgangspunkt der Stadterweiterung. Schließlich wurde er statt dessen an den Abschlußpunkt der Erweiterung gestellt, auf einen Platz, der zu Ehren des Oberbürgermeisters in "Hasselbach-Platz" umbenannt wurde.[19] Die Initiative zu diesem Brunnenbau ging von der Stadtverordnetenversammlung aus.[20]

Der Berliner Wrangelbrunnen (2) wurde 1878 zum Gedenken an den verstorbenen Feldmarschall Wrangel errichtet, der sich in Berlin einer volkstümlichen Verehrung erfreute.[21]

c) Brunnen anläßlich einer Feier oder zur Erinnerung an ein Ereignis

Ein bestimmtes Ereignis war der Anlaß für die Errichtung der Brunnen in Erfurt und Nürnberg. Der Nürnberger Eisenbahnbrunnen (15) wurde zur Erinnerung an die erste deutsche Eisenbahnlinie von Nürnberg nach Fürth errichtet. Am Tage des 50jährigen Bestehens der Bahnlinie wurde der Grundstein zu dem Brunnen gelegt. Der Bezug zu diesem Ereignis wird in den beiden Originalinschriften des Brunnens hergestellt[22] und kommt auch im bildnerischen Programm zum Ausdruck. Auf einer Tafel, die nach der ersten Verlegung des Brunnens angebracht wurde, wird erneut auf den Anlaß Bezug genommen. Dort heißt es: "Dieser Kunstbrunnen wurde zur Erinnerung an die Eröffnung der 1. Deutschen Eisenbahn, der 1922 infolge der Inflation eingegangenen Ludwigsbahn zwischen den

Städten Nürnberg und Fürth i.J. 1890 von dem Nürnberger Bildhauer Heinrich Schwabe geschaffen..." (Abb.15.2)

Der Erfurter Brunnen (6) wurde als Denkmal für die Vollendung der städtischen Wasserversorgung geplant. Auf diesen Anlaß wird im Programm des Brunnens selbst nicht Bezug genommen. Die Initiative zu dem Brunnenbau ging vom städtischen Verschönerungsverein aus.[23] Die Fertigstellung der städtischen Wasserversorgung als Anlaß für die Errichtung eines Brunnens spielte bei dem Bau des Münchner Wittelsbacherbrunnens (14) eine wenn auch untergeordnete Rolle.

2.1.1.3 Stiftung oder Geschenk als Anlaß für den Brunnenbau

Mehrere Brunnen wurden aufgrund einer Stiftung oder eines Geschenkes errichtet. Für den Bau des Erlanger Paulibrunnens (7), des Leipziger Mendebrunnens (11) und der Mannheiheimer Schloßbrunnen (13) war eine Stiftung der direkte Anlaß.

Der Paulibrunnen in Erlangen (7) war durch ein Legat des Ehepaares Pauli zustande gekommen, das der Stadt eine größere Summe hinterlassen hatte "...zu dem Zweck der Herstellung eines der Stadt zur besonderen Zierde gereichenden monumentalen Brunnens."[24] Durch ihre Stiftung wurden die Eheleute auch zu den eigentlichen Initiatoren des Werkes, wenn auch die Ausführung der Stiftung in den Händen des Bürgermeisters lag. Der Brunnen erhielt seine Benennung zu Ehren der Stifter.

Der Anlaß für die Errichtung des Mendebrunnens in Leipzig (11) war ebenfalls eine Stiftung. Dem Wunsch der Stifterin, daß der Brunnen zwischen Museum und neuem Theater errichtet werden sollte, wurde entsprochen.[25] Die Stifterin, Frau Pauline Mende, nach der der Brunnen benannt wurde, hatte der Stadt eine Summe von 150.000 M für den Bau eines Brunnens hinterlassen. Die Annahme der Stiftung stellte den

Stadtrat in diesem Fall vor besondere Probleme, da die Stifterin ein Vergnügungsetablissement geführt hatte und ihr zu Lebzeiten gesellschaftliche Anerkennung versagt geblieben war. Erst als bekannt wurde, daß sie Dame des Königlich Sächsischen Sidonienordens gewesen war, man jedoch in Anbetracht der besonderen Umstände auf eine öffentliche Bekanntmachung dieser Auszeichnung verzichtet hatte, zerstreuten sich die Bedenken, und die Stiftung wurde angenommen.[26] Die Initiative zum Bau dieses Brunnens lag teilweise bei der Stifterin und teilweise, durch die Annahme der Stiftung, beim Stadtrat.

Die Brunnen im Mannheimer Schloßhof (13) wurden von Stadtrat Bernhard Herschel gestiftet. In einem Schreiben, das er am 6.9.1890 an den Stadtrat richtete, begründete Herschel die Stiftung: "Ein Familienfest, welches mich gleichzeitig daran erinnert, vor nunmehr 25 Jahren badischer Staatsangehöriger und Bürger der Stadt Mannheim geworden zu sein, veranlaßt mich, dem Stadtrath anliegend zum Zweck der Verschönerung der Stadt den Betrag von M. 50 000.- mittels Cheks zur Verfügung zu stellen. Ueber die spezielle Verwendung der Summe werde ich mir erlauben, später Vorschläge zu machen. Doch gestatte ich mir schon heute zu bemerken, daß die Ausschmückung des Schloßplatzes nach, respect. mit Errichtung des Kaiser Wilhelm=Denkmals mir am Meisten sympathisch wäre, wenn die Realisierung mit der gespendeten Summe zu ermöglichen sein würde."[27] Herschel präzisierte die Stiftung später dahingehend, daß die Verwendung der Summe erst nach Errichtung des Kaiserdenkmals erfolgen sollte, damit sich das Stiftungskapital durch Zinsen vermehren könne.[28] Herschel war nicht nur der Initiator des Brunnenbaus, er fungierte später auch als Auftraggeber an den Künstler.

Der Würzburger Kiliansbrunnen (18) war ein Geschenk des Prinzregenten Luitpold, als Antwort auf den zu seinen Ehren errichteten Frankoniabrunnen. Das Geschenk war der direkte Anlaß für die Errichtung des Brunnens. Der Prinzregent selbst initiierte den Brunnenbau, ihm wurde auch der fertige Entwurf zur Genehmigung unterbreitet.[29]

Bei dem Teichmannbrunnen in Bremen (4) und dem Stuhlmannbrunnen in Hamburg-Altona (10) stehen ebenfalls Stiftungen als Anlaß für die Errichtung im Vordergrund. Daneben kommen jedoch auch städtebauliche Gründe zum Tragen.

Der Teichmannbrunnen (4) geht auf ein Legat des Bremer Bürgers Gustav Teichmann zurück. Das Legat selbst ist der hauptsächliche Anlaß für den Bau des Brunnens. Da Teichmann die Summe jedoch ausdrücklich für einen Brunnen auf dem Domshof verwendet wissen wollte,[30] spielten die städtebaulichen Gegebenheiten ebenfalls eine Rolle, da eine Aufstellung an anderem Ort nicht möglich gewesen wäre.

Bei dem Bau des Stuhlmannbrunnens (10) kommt eine Kombination verschiedener Anlässe besonders zum Tragen. 1872 hatte der Altonaer Bürgermeister Gustav Stuhlmann der Stadt eine Summe zur Errichtung eines monumentalen Brunnens hinterlassen.[31] 1879 wurde dem Stadtmagistrat von seiten der Baukommission geraten, den Bau des Brunnens aufzuschieben, da sich der als Aufstellungsort in Aussicht genommene Rathausplatz als für einen Monumentalbrunnen zu klein erwiesen hatte.[32] Weitere Überlegungen für einen geeigneten Standort führten ebenfalls zu keinem Ergebnis. Auch dem Wunsch des Stifters, den Brunnen "...auf dem westlichen Ende der Palmaille, dem Elbberg gegenüber..."[33] aufzustellen, wurde nicht entsprochen. Erst 1896 wurde der Gedanke an den Brunnen wiederaufgenommen, nachdem durch den Neubau des Bahnhofsvorplatzes ein Aufstellungsort von geeigneter Größe entstanden war.[34] Die Entstehung dieses Brunnens geht damit auf zwei voneinander nicht zu trennende Anlässe zurück, auf die Stuhlmann-Stiftung und auf die städtebauliche Neuerung, wobei der eine Anlaß ohne den anderen nichtig gewesen wäre.

2.1.2 FINANZIERUNG

Die Finanzierung eines Brunnens lag in erster Linie bei dessen Initiator. Dieser stellte in der Regel die nötigen Geldmittel selbst zur Verfügung oder setzte sich mit anderen Stellen in Verbindung, die sich an den Kosten für den Brunnenbau beteiligen sollten. In einigen Fällen erfolgte die Finanzierung ausschließlich durch Mittel, die vom Initiator unabhängig waren (5,17). Doch auch in diesen Fällen war es der Initiator, der die Bereitstellung der Mittel veranlaßte. Die Finanzierung konnte durch eine einzige Stelle oder durch eine Einzelperson erfolgen, es konnten sich jedoch auch eine Reihe verschiedener Geldgeber daran beteiligen.

Der Geldgeber oder derjenige, der den größten Teil der Finanzierung übernahm, ist meistens mit dem Auftraggeber identisch. Durch seine finanzielle Beteiligung sichert er sich Einflußnahme auf Gestaltung des Brunnens und Auswahl des Künstlers. Im letzten Drittel des 19.Jhs. läßt sich, verglichen mit früheren Zeiten, eine Verschiebung der Kompetenzen von staatlicher zugunsten städtischer oder privater Seite beobachten.[35]

2.1.2.1 Finanzierung durch eine Stadtgemeinde

Mehrere Brunnen wurden ausschließlich durch städtische Mittel finanziert. Der Berliner Neptunbrunnen (3) und der Münchner Wittelsbacherbrunnen (14) fallen mit Herstellungskosten von 378 000 Mark[36] bzw. 230 000 Mark[37] in die höchste Preiskategorie. Für den Neptunbrunnen einen Auftraggeber zu finden, war auf erhebliche Schwierigkeiten gestoßen. Zwei Kaiser hatten sich zwar an dem Modell interessiert gezeigt, zu einem Auftrag, den Brunnen zu errichten, war es jedoch nicht gekommen. Erst die Stadt sah sich in der Lage, die für den als Huldigungsgeschenk gedachten Brunnen notwendige Summe aufzubringen.[38] Von der Gesamtsumme wurden 253 000 Mark für den Bronzeguß ausgegeben.[39]

Für den Bau des Wittelsbacherbrunnens in München (14) waren von städtischer Seite zunächst 200 000 Mark bewilligt worden. Durch die Entscheidung, Marmor anstatt Kalkstein für den Bau zu verwenden, erhöhten sich die Kosten später um 30 000 Mark für das teurere Material. Die Kosten für die Architektur beliefen sich auf 113 000 Mark, für den plastischen Teil auf 87 000 Mark.[40] Hildebrand selbst erhielt schließlich statt des vereinbarten Honorars von 90 000 Mark nur 45 000 Mark, leistete also einen eigenen Beitrag zur Finanzierung.[41]

Die Mittel für den Hasselbachbrunnen in Magdeburg (12) wurden von der Stadtverordnetenversammlung zur Verfügung gestellt, zunächst wurden 60 000 Mark bewilligt. Die Gesamtkosten betrugen schließlich 75 000 Mark, wobei für die Ausführung einschließlich Material und Wasserleitung ein fester Preis von 65 000 Mark ausgemacht war. Weitere 10 000 Mark entfielen auf die Fundamentierung, die Herstellung des Mosaiks auf der Insel und die Pflasteranschlüsse.[42]

Die Kosten für den Hamburger Hygieiabrunnen (9) waren Bestandteil des Rathaus-Neubauprogramms und fielen damit ebenfalls in die Kompetenz der Stadt.

Die Stadt trat auch als Mitfinanzier auf. Bei der Herstellung des Maximiliansbrunnens in Bamberg (1) übernahm sie den größten Teil der Baukosten. Die Herstellungskosten des Brunnens beliefen sich auf 55 000 Mark, die der Künstler für alle anfallenden Kosten, einschließlich Honorar, erhielt. Die Stadt mußte unabhängig davon für Fundamentierung, Wasserleitung und Aufstellung aufkommen.[43] Für die Errichtung des Brunnens war ein staatlicher Zuschuß von 15 000 Mark bewilligt worden.[44] Weitere 7 857 Mark, die aufgrund von Materialverbesserungen fällig geworden waren, wurden ebenfalls von staatlicher Seite übernommen.[45]

Bei der Errichtung des Erfurter Brunnens (6) trat die Stadt erst in Erscheinung, als bereits zwei Drittel der Baukosten, die sich auf 30 000 Mark beliefen, durch andere Stellen sichergestellt waren.[46]

Für den Bau des Würzburger Frankoniabrunnens (17) bewilligte die Stadt einen Zuschuß von 40 000 Mark. Die Summe sollte in vier Jahresraten zur Verfügung gestellt werden.[47]

Die Finanzierung eines monumentalen Brunnens von städtischer Seite überwiegt in der behandelten Zeit deutlich gegenüber der Finanzierung von staatlicher Seite.

2.1.2.2 Finanzierung von höfischer und staatlicher Seite

Ausschließlich von höfischer Seite wurde der Würzburger Kiliansbrunnen (18) durch Prinzregent Luitpold finanziert. Die Kosten für den Brunnen betrugen ca. 60 000 Mark.[48] Der Prinzregent bestimmte das Programm des Brunnens, die Bekrönung mit dem Frankenapostel Kilian.[49]

Das Königreich Bayern übernahm den größten Teil der Kosten, die bei dem Bau des Nürnberger Eisenbahnbrunnens (15) entstanden. Von den Gesamtkosten in Höhe von ca. 55 000 Mark kamen als Staatszuschuß 30 000 Mark dem Bau zu. Der Zuschuß war an die Bedingung geknüpft, daß ein Wettbewerb ausgeschrieben wird, an dem sich alle bayrischen Künstler beteiligen können. Der Bedingung wurde vom Nürnberger Magistrat zugestimmt.[50]

An dem Bau des Erfurter Brunnens (6) beteiligte sich der preußische Staat mit einem Zuschuß von 10 000 Mark. Das Geld wurde vom preußischen Kultusministerium bewilligt, unter der Bedingung, daß die Entscheidung des ausgeschriebenen Wettbewerbs und die Auswahl des Entwurfes bei der "Landeskommission zur Beratung über die Verwendung der Fonds für Kunstzwecke" liegen sollte. Zur weiteren Auflage wurde gemacht, daß alle Metallteile, soweit möglich, in Kupfer getrieben werden sollten, damit diese wenig ausgeübte Technik gefördert werde.[51]

Der Staatszuschuß für den Bamberger Maximiliansbrunnen (1) wurde vom "Königlich Bayrischem Staatsministerium des

Inneren für Kirchen- und Schulangelegenheiten" bewilligt. Das Ministerium hatte selbst die bayrischen Gemeinden und Kirchenvorstände aufgefordert, von dem Budget für Pflege und Förderung der Kunst stärker Gebrauch zu machen. Bedingung für die Vergabe der Gelder war, daß es sich bei dem zu fördernden Projekt um "monumentale Arbeiten der Malerei und Plastik"[52] handeln solle. Die Stadt entschied sich nach Abwägung verschiedener Vorschläge dazu, den Zuschuß für die Errichtung des Brunnens zu beantragen.[53]

Staatliche Gelder für Brunnenbauten wurden meistens an bestimmte Bedingungen geknüpft. Die Bedingungen reichten von Vorgehensdirektiven allgemeiner Art, wie der Verpflichtung, ein monumentales Werk herzustellen oder einen Wettbewerb auszuschreiben, bis zu konkreter Einflußnahme auf die Herstellungsweise oder das Programm des Brunnens. Den Bedingungen wurde in jedem Fall entsprochen.

2.1.2.3 Finanzierung durch Stiftungen, Vereine und Gesellschaften

Stiftungen, Gesellschaften und Vereine jeder Art beteiligten sich ebenfalls an der Finanzierung von Monumentalbrunnen. Nur selten aber wurde ein Brunnen gänzlich aus den Mitteln einer solchen Organisation errichtet. In den meisten Fällen handelt es sich um eine mehr oder weniger große Beteiligung an den Baukosten.

Vollständig aus den Mitteln der "Hanseatischen Baugesellschaft" wurde der Hansabrunnen in Hamburg (8) errichtet, dessen Baukosten sich auf 130 000 Mark beliefen.[54] Die Gesellschaft verfügte über eine eigene Steinmetz- und Bildhauerwerkstatt, dessen Leiter der mit der Errichtung des Brunnens beauftragte Bildhauer Engelbert Pfeiffer war. Pfeiffer konnte sich für die Herstellung des Brunnens dieser Einrichtungen bedienen.[55]

Die beiden Dresdner Brunnen (5) wurden, unabhängig von der als Initiatorin auftretenden Stadtgemeinde, aus den Mitteln der Dr.-Güntz-Stiftung finanziert. Eine Verflechtung ergibt sich aus der Tatsache, daß der Dresdner Stadtrat als Verwalter der Stiftung fungierte. So lag es in seiner Kompetenz, die im Laufe der Bauzeit erheblich erhöhten Kosten aus den Mitteln der Stiftung zu bewilligen. Ursprünglich war für den Bau der Brunnen eine Summe von 60 000bis80 000 Mark zur Verfügung gestellt worden, die tatsächlichen Kosten beliefen sich schließlich auf 325 000 Mark.[56]

Eine Rolle beim Brunnenbau spielten auch die städtischen Verschönerungsvereine. So finanzierte der Erfurter Verschönerungsverein mehr als ein Drittel der Baukosten für den Erfurter Brunnen (6) selbst und trat außerdem als Initiator mit anderen Stellen in Verbindung, die sich an der Finanzierung beteiligen sollten.[57]

An dem Bau des Nürnberger Eisenbahnbrunnens (15) beteiligte sich die Ludwigs-Eisenbahngesellschaft als durch die Denkmals-Idee besonders angesprochene Korporation mit einer Summe von 6 000 Mark. Ebenfalls 6 000 Mark wurden von einem Vorstadtverein getragen.[58] Organisationen wie der Kunstverein, das Landwirtschaftliche Kreiskomitee und der Kriegerbund beteiligten sich mit Spenden an dem Bau des Würzburger Franconiabrunnens (17).[59] Stiftungen finanzierten auch bestimmte, vorher festgelegte Teile von Brunnen. So ließ die Dresdner Tiedge-Stiftung auf eigene Kosten für den aus Stadtmitteln errichteten Gerechtigkeitsbrunnen eine Statue der Gerechtigkeit herstellen.[60]

2.1.2.4 Finanzierung durch Spenden von Privatpersonen

Privatpersonen, die einen Brunnen vollständig oder zum größten Teil finanzierten, taten dieses hauptsächlich durch Stiftungen oder testamentarische Verfügungen. Es war dem Stifter möglich, die Schenkungen an bestimmte Auflagen zu binden.

So finden sich in der Schenkungsurkunde für den Siegfriedbrunnen in Worms (16) detaillierte Ausführungen, an welchen Tagen und in welchem Umfang die Stadt verpflichtet ist, den Brunnen mit Wasser zu speisen. Der Stifter bestimmte den ausführenden Künstler und behielt sich für den Fall später eventuell notwendiger Änderungen an dem Brunnen die Zustimmung und Mitberatung des jeweils ältesten männlichen Mitgliedes seiner Familie vor.[61] Auch der Stifter der Mannheimer Schloßbrunnen (13) bestimmte selbst den Künstler, der mit dem Werk beauftragt werden sollte.[62] Andere Geldgeber machten Auflagen, die das Erscheinungsbild des Brunnens beeinflußten. So verfügte die Stifterin des Leipziger Mendebrunnens (11), daß ihr Name auf dem Brunnen eingraviert werde.[63]

Auch Privatpersonen, die kleinere Beträge für die Herstellung eines bestimmten Brunnens spendeten, konnten die Spende an die Erfüllung von Bedingungen knüpfen. Für den Nürnberger Eisenbahnbrunnen (15) spendete ein Kunstfreund, der nicht genannt werden wollte, 4 000 Mark unter der Bedingung, daß ein Nürnberger Künstler mit dem Werk beauftragt werden solle. Diese Auflage wurde auch erfüllt.[64]

Erhebliche Summen kamen nicht nur durch Spenden einzelner Personen, sondern auch durch Personengruppen dem Brunnenbau zugute. Für den Nürnberger Eisenbahnbrunnen spendete im Jahre 1886 eine Bürgerinitiative von 30 Personen insgesamt 4 629 Mark, an kleineren Bürgerspenden kamen noch einmal 4 000 Mark dazu.[65]

Für die Finanzierung des Würzburger Frankoniabrunnens (17) wurde die Spendensammlung von seiten des Kreiskomitees organisiert. Es wurden Spendenaufrufe veröffentlicht und Haus-zu-Haus-Sammlungen veranstaltet. Die Aufrufe richteten sich an die gesamte Bevölkerung. Der Vorsitzende des Komitees, Graf von Luxburg, führte dazu aus, daß "nicht nur die Beiträge der wohlhabenden Bürgerschaft, sondern auch die Pfennige des kleinen Mannes dankbarst entgegengenommen werden."[66] Obwohl sich in diesem Fall gegen den Brunnenbau Widerstand regte, Teile der Bevölkerung hätten die Einrichtung einer

Wohltätigkeitsstiftung vorgezogen,[67] wurde auf diese Weise für den Brunnen eine Summe von ca. 50 000 Mark gespendet.[68] Einzelne Bürger hatten bis zu 1 000 Mark gegeben, auch arme Leute hatten sich mit Beträgen von einer Mark an den Sammlungen beteiligt.[69]

2.1.3 MODALITÄTEN DER AUSSCHREIBUNG UND AUFTRAGSERTEILUNG

Die Aufgabe des Auftraggebers war es, unter Berücksichtigung eventueller Auflagen von seiten der Geldgeber, einen Künstler mit der Herstellung des Brunnens zu beauftragen. Es wurden zwei verschiedene Vorgehensweise der Auftragserteilung angewandt: die Ausschreibung eines Wettbewerbs und die direkten Verhandlungen mit einem Künstler. Wurde ein Künstler direkt angesprochen, so hatte er sich bereits mit anderen Arbeiten einen Namen gemacht, aufgrund dessen der Auftraggeber ein Werk erwarten konnte, das seinen Ansprüchen gerecht werden sollte. Wurde ein Wettbewerb ausgeschrieben, so wurde auch unbekannten Künstlern die Möglichkeit gegeben, an der Konkurrenz teilzunehmen. Die Verwendung staatlicher Gelder wurde zum Teil an die Ausschreibung eines Wettbewerbs gebunden (15).

War der Entwurf, nach welchem der Brunnen gebaut werden sollte, auf die eine oder andere Weise zustande gekommen, wurde mit dem betreffenden Künstler ein Vertrag geschlossen. Durch diesen wurde entweder der Künstler mit der Übernahme der gesamten Bauausführung beauftragt, oder es wurden mit zuliefernden oder ausführenden Firmen von seiten des Auftraggebers weitere Verträge geschlossen.

2.1.3.1 Wettbewerb und Auftragsverhandlungen

Die beiden möglichen Verfahrensweisen der Auftragsvergabe, die Ausschreibung eines Wettbewerbs und direkte Auftragsverhandlungen mit dem Künstler, wurden zeitlich parallel gehandhabt. Beide Vorgehensweisen wurden auch kombiniert: nach gescheiterten Versuchen, durch einen Wettbewerb einen geeigneten Entwurf zu erhalten, traten Auftraggeber in Direktverhandlungen mit einzelnen Künstlern (11,14), oder es wurde, nach Scheitern direkter Gespräche, entgegen der ursprünglichen Absicht, ein Wettbewerb ausgeschrieben (7).

Dem Wettbewerb wurde in der Öffentlichkeit der Vorzug gegeben. Wettbewerbe wurden auch in Fällen gefordert, in denen es später zu Direktverhandlungen kommen sollte. So schreibt der "Würzburger Telegraph" vor der Auftragserteilung für den Frankoniabrunnen (17): "Es wird wohl keinem Zweifel unterliegen, daß bei der Schaffung eines Monumentalbrunnens, wie dieser es werden soll, und für welchen allein nur die kgl. Regierung die Sammlungen genehmigt hat, eine Preisconcurrenz wird eröffnet werden, an welcher sich unsere fränkischen Künstler so gut betheiligen können wie jeder Andere."[70] Die Auftragserteilung an einen Künstler, der an dem Wettbewerb gar nicht beteiligt gewesen war, stieß ebenfalls auf Kritik. Zur Vorgehensweise bei der Auftragserteilung für den Leipziger Mendebrunnen (12) schreibt die "Deutsche Bauzeitung": "...es hat mit Recht böses Blut erregt, dass der Rath von 'Klein-Paris' unter Ignorierung des hierdurch (die Konkurrenz) gewonnenen Resultats nicht das siegreiche Projekt von Hoffmeister & Stöckhardt zur Ausführung wählte, sondern einen an jenen Konkurrenzen gar nicht beteiligten Künstler mit der Aufstellung eines völlig neuen Entwurfes beauftragte."[71]

Die Vorgehensweise bei der Auftragsvergabe zum Wittelsbacherbrunnen in München (14) hatte sich zu einem regelrechten Skandal ausgeweitet.[72] "Die Kunst für Alle" schreibt: "Es ist aber sehr bedauerlich, daß der Münchener Magistrat der doch wahrlich beachtlichen Münchener Bildhauerschule bei dieser Gelegenheit ein sehr auffälliges Mißtrauensvotum zuzuziehen zu müssen sich in die Lage gebracht hat. Daß dasselbe aber jetzt, wie es scheint, auch noch verewigt werden soll, macht die Sache nicht besser."[73]

a) Der künstlerische Wettbewerb

Es gab zwei Arten von Wettbewerben: den "öffentlichen" oder "allgemeinen" Wettbewerb (Preisausschreiben, Konkurrenz) und den "engen" oder "eingeschränkten" Wettbewerb. An der öffentlichen Form konnten entweder alle an dem Projekt interessierten Künstler teilnehmen, oder es lagen lediglich regionale Beschränkungen vor. So waren bei der Konkurrenz für den Wittelsbacherbrunnen (14) von 1888 nur Münchner Künstler zugelassen.[74] Der enge Wettbewerb richtete sich an Künstler, die persönlich aufgefordert wurden, sich an der Konkurrenz zu beteiligen.

Etwa 1878 wurden vom "Verband deutscher Architekten- und Ingenieursvereine" eine Reihe von Verfahrensgrundsätzen angenommen, die den Ablauf eines Wettbewerbs regeln sollten. Die Grundsätze bezogen sich auf das Amt des Preisrichters, dem eine Beteiligung an der Konkurrenz ausdrücklich untersagt wurde, auf Form und Inhalt der Ausschreibung, auf die mögliche Ausschließung von eingegangenen Entwürfen und auf die Preisverteilung.[75] An diese Grundsätze hielten sich die meisten Preisausschreiben.

Besonders ausführliche Veröffentlichungen erschienen in der Reihe "Deutsche Konkurrenzen". Dort wurden die Wettbewerbsbedingungen und die Namen der Preisrichter veröffentlicht, ein Bericht des Preisgerichts mit Beschreibung und Beurteilung der eingegangenen Entwürfe gegeben, das Auswahlverfahren und das Ergebnis dargelegt und sämtliche Entwürfe abgebildet.[76]

Wenn der Wettbewerb nicht zum Erfolg geführt hatte, konnte eine enge Konkurrenz veranstaltet werden. So wurde in Leipzig (12), nachdem die prämiierten Modelle nicht zur Ausführung empfohlen werden konnten, eine zweite, enge, Konkurrenz zwischen den sechs Künstlern ausgeschrieben, deren Entwürfe in dem öffentlichen Wettbewerb in die engere Wahl gekommen waren.[77] Nachdem dieser Wettbewerb das gleiche Ergebnis wie der erste brachte, der beste Entwurf konnte nur mit erheblichen Änderungen zur Ausführung empfohlen werden, trat die Stadt in direkte Verhandlungen zu einem Künstler, der sich an den Konkurrenzen nicht beteiligt hatte.[78]

Für den Hamburger Hygieiabrunnen (9) wurden sogar drei Wettbewerbe veranstaltet, ein allgemeiner und zwei enge. Akzeptiert wurde schließlich das Projekt von Kramers, der bereits aus dem ersten, allgemeinen, Wettbewerb als Sieger hervorgegangen war. Der zweite Wettbewerb war unentschieden geblieben.[79]

In Erlangen (7) wurde ein Wettbewerb erst ausgeschrieben, nachdem Direktverhandlungen durch den Tod des Künstlers beendet waren. Es wurde daraufhin eine Konkurrenz der eingeschränkten Art veranstaltet.[80] Auch in Erfurt (6) wurde nicht erst ein allgemeiner Wettbewerb, sondern gleich eine eingeschränkte Konkurrenz ausgeschrieben.[81]

Ein deutlicher Verstoß gegen die allgemeinen Richtlinien ist in der Vorgehensweise bei der Auftragsvergabe für den Wittelsbacherbrunnen (14) zu sehen. Zunächst war man wie in Leipzig vorgegangen: nach einer allgemeinen Konkurrenz, die ohne zufriedenstellendes Ergebnis geblieben war, wurden sechs Künstler, deren Entwürfe in die engere Wahl gekommen waren, zu einer zweiten Konkurrenz aufgefordert. Ein Entwurf konnte bedingt zur Ausführung empfohlen werden, es wären jedoch noch größere Änderungen notwendig gewesen. Im Laufe dieser zweiten Konkurrenz entwickelte auch Adolf von Hildebrand einen eigenen Entwurf. Da Hildebrand als Preisrichter fungierte, war ihm eigentlich jede Beteiligung an der Konkurrenz versagt. Er hätte sich, da er zu der Zeit in Florenz lebte, als Nicht-Münchner ohnehin nicht beteiligen können. Er erklärte daraufhin zunächst seinen Austritt aus der Jury und seine Bereitschaft, nach München überzusiedeln. Nach dem unbefriedigenden Ausgang der zweiten Konkurrenz befürwortete ein Teil des Münchner Stadtmagistrats, den siegreichen Entwurf mit den nötigen Abänderungen zur Ausführung zu bringen, ein anderer Teil sprach sich dafür aus, Hildebrand den Auftrag für den Brunnen zu erteilen. Hildebrand wurde tatsächlich unter Mißachtung des Konkurrenzergebnisses mit dem Bau beauftragt.[82]

Diese Vorgehensweise führte zu den erwähnten scharfen Reaktionen.[83] Jahre später äußerte sich Hildebrand selbst über den Sinn von künstlerischen Wettbewerben, speziell bei Brunnenbauten. Er wirft dem Wettbewerbsverfahren vor, daß es zu einer Disharmonie zwischen dem Brunnen und seiner städtebaulichen Situation führe, da den Künstlern die Umgebung nicht persönlich bekannt sein müsse. Dadurch, daß der Künstler nicht für die tatsächliche Situation, sondern für die "Scheinwelt dieses Wettbewerbs" arbeite, verkümmere der Wettbewerb zu einem "Schulexamen mit Preisverteilung". Hildebrand führt weiter aus, daß die öffentliche Beurteilung und Kritik erst vor dem fertigen Werk, nicht aber vor einem aus dem Zusammenhang gerissenen Entwurf möglich und sinnvoll sei.[84]

b) Direkte Auftragsverhandlungen

Die Vorgehensweise, direkt mit einem Künstler in Verhandlungen über einen projektierten Brunnen zu treten, war einfacher und auch billiger als die Ausschreibung eines Wettbewerbs. Es mußten keine Preisgelder bezahlt werden, es wurden keine Juroren benötigt, die Entscheidung konnte nur für oder gegen einen einzigen Entwurf fallen, ohne daß eine Vielzahl an Konkurrenzentwürfen hätte begutachtet werden müssen. Dieses Verfahren ging natürlich auf Kosten der Vielfalt.

Direkte Verhandlungen kamen hauptsächlich bei Brunnen zustande, die von einer Privatperson gestiftet worden waren. Wenn dem Stifter ein bestimmter Künstler für den Bau seines Brunnens vorschwebte, trat er entweder selbst mit ihm in Kontakt oder veranlaßte eine Kontaktaufnahme von seiten der als Bauherrin fungierenden Stadt (Mannheim (13), Worms (16)). Auch finanzielle Vorteile entstanden durch die Festlegung auf einen einzigen Ausführenden: die "Hanseatische Baugesellschaft" konnte mit der Auftragserteilung an den Bildhauer Engelbert Pfeiffer, den Leiter ihrer eigenen Werkstatt, auf eigene Einrichtungen zurückgreifen.[85]

Persönliche Beziehungen spielten ebenfalls eine Rolle: als für den Bau des Würzburger Frankoniabrunnens (17) aus Zeitgründen von einer Konkurrenz abgesehen und direkt mit Ferdinand von Miller verhandelt wurde, schrieb der "Würzburger General-Anzeiger":"Auch wird bei den bekannten Beziehungen des Herrn von Miller zum Hofe die Lösung einer Reihe von Formalitätsfragen und dergleichen bedeutend erleichtert."[86] Der vom Prinzregenten gestiftete Kiliansbrunnen (18) wurde, vielleicht ebenfalls aufgrund der Beziehungen von Millers, in dessen Werkstatt gegossen.[87]

2.1.3.2 Vertragsinhalte

Mit dem Künstler, der den Brunnen ausführen sollte, wurde nach Abschluß der Verhandlungen ein Arbeitsvertrag geschlossen. Der Auftraggeber legte hier die Modalitäten der Ausführung fest. Die vorliegenden Verträge über die Errichtung des Bamberger Maximiliansbrunnen (1) aus dem Jahre 1878,[88] des Hamburger Hygieiabrunnens (9) von 1895[89] und des Altonaer Stuhlmannbrunnens (10) von 1898[90] ähneln sich in Aufbau und Inhalt weitgehend.

In dem frühesten, dem Bamberger Vertrag mit Ferdinand von Miller, werden zunächst die Ausführung des Brunnens auf der Grundlage des erstellten Entwurfes und die von der Skizze abweichenden Modifikationen in Material und Größe festgehalten. Dann wird näher ausgeführt, welche Arbeitsleistungen auf Rechnung des Künstlers und welche auf Rechnung der Stadt zu geschehen haben. Der Künstler wird verpflichtet, den Termin zur Vollendung des Brunnens genau einzuhalten. Die Höhe des Honorars und die Auszahlung der Raten wird festgelegt. Weiter wird für den Fall des Todes von Millers während der Arbeiten dessen Bruder verpflichtet, den Bau zu Ende zu führen, was von diesem durch Gegenzeichnung bestätigt wird.

Der Hamburger Vertrag mit Joseph von Kramer legt die "Bedingungen über die Lieferung des künstlerischen, figürlichen und ornamentalen Bronceschmuckes einschließlich Modelle für den Rathausbrunnen" fest. Über die "Submissions-Bedingungen betreffend Lieferung der Granitarbeiten für den Hofbrunnen" wurde mit der Firma Schlick & Sohn ein gesonderter Vertrag geschlossen.[91] Von Kramer wird vertraglich verpflichtet, die Bronzeteile des Brunnens nach seiner Skizze zu erstellen, Zahlungsweise des Honorars und die Verteilung der Kosten werden festgesetzt. Hinzu kommen Bestimmungen über die Legierung der Bronze und die Ausführung des Gusses. Ein Schiedsgericht für evtl. auftretende Unstimmigkeiten wird bestimmt. Der Künstler wird auf die Einhaltung des Ablieferungstermins verpflichtet, anderenfalls erklärt er sich mit einer Konventionalstrafe von 50 Mark pro Woche einverstanden. Bestimmungen über einen Stellvertreter bei Ausfall des Künstlers sind nicht enthalten.

Der Vertrag der Stadt Altona mit Bildhauer Paul Türpe regelt die Herstellung von Modellen auf der Grundlage seines Entwurfes und die Höhe und Zahlweise des Honorars. Für den Fall der Nichteinhaltung des Ablieferungstermins droht dem Künstler eine Strafe von 200 Mark pro Woche. Für Unstimmigkeiten wird ein Schiedsgericht festgelegt. Weiter verpflichtet sich Türpe, Nachbildungen des Brunnens oder Teile desselben an keinem anderen Ort in Schleswig-Holstein ausführen zu lassen. Ein gesonderter Vertrag wurde mit der Firma Bommert geschlossen, der die Herstellung der Teile nach Türpes Modellen übertragen wurde.[92]

2.2 DAS KÜNSTLERISCHE ERSCHEINUNGSBILD

Für das künstlerische Erscheinungsbild eines Brunnens ist zunächst dessen Aufstellung relevant. Der Brunnen wirkt im Zusammenhang mit seiner Umgebung. Eine endgültige Beurteilung der ursprünglichen Wirkung ist heute vielfach durch eine veränderte Aufstellung erschwert, und selbst wenn der Brunnen noch an seinem alten Standort steht, so mag dieser Platz durch Neubauten oder größere Verkehrsdichte derart verändert sein, daß der Brunnen nicht mehr die gleiche Wirkung wie zur Zeit seiner Entstehung hat. Eine Beurteilung von Brunnen, auf die dies zutrifft, läßt sich am besten mit Hilfe alter Photographien oder Lagepläne vornehmen, die, soweit vorhanden, in den Abbildungsteil aufgenommen sind.

Die formalen Kriterien, nach denen ein Brunnen aufgebaut ist, sind von verschiedenen Faktoren abhängig. Der Standort spielt auch hier eine Rolle, da von ihm in erster Linie die Proportionen des Brunnens abhängig sind. Bei der Ausarbeitung der einzelnen Formen wird auf die Traditionen des jeweiligen Typs zurückgegriffen. Inwieweit im 19.Jh. stilistische Merkmale früherer Zeiten zitiert werden und inwieweit der Zeitgeschmack neue Impulse hervorbringt, soll im folgenden untersucht werden.

Das Erscheinungsbild des Brunnens wird durch den Einsatz des Wassers ergänzt. Art und Umfang des Wasserspiels können den formalen und inhaltlichen Charakter des Brunnens hervorheben und architektonische Schwächen ausgleichen. Die endgültige Beurteilung eines Brunnens ist erst möglich, wenn er sein Wasser in vollem Umfang verströmt. Soweit der Fall des Wassers aus den Abbildungen nicht ersichtlich ist, findet sich eine Beschreibung am Ende des jeweiligen Beschreibungsteiles.

2.2.1 STÄDTEBAULICHE BEZIEHUNGEN

Während das Straßenbild früherer Zeiten nicht nur von Zier-, sondern auch von Nutzbrunnen beeinflußt wurde, fällt im 19.Jh. die Notwendigkeit fort, die städtische Wasserversorgung durch öffentliche Brunnen aufrechtzuerhalten. Durch die Einführung städtischer Wasserleitungen entfällt im allgemeinen der Bau von Nutzbrunnen.[93] Während früher kleinere Plätze, die durch den Straßenverlauf an Kreuzungen oder Gabelungen gebildet wurden, generell Nutzbrunnen vorbehalten waren,[94] bietet sich im 19.Jh. die Möglichkeit, auch diese mit Monumentalbrunnen auszuschmücken.

Die Ausstattung großer, auf repräsentative Wirkung angelegter Plätze mit monumentalen Brunnen läßt sich zeitlich zurückverfolgen. Diese Plätze waren weder in Deutschland noch in Italien der Standort für Nutzbrunnen gewesen. Der dekorative Brunnen mit Denkmalcharakter hatte hier seinen Platz.[95] Aus dieser Auffassung heraus blieb auch im 19.Jh. der repräsentative Platz bevorzugter Aufstellungsort für den Monumentalbrunnen. Auf die Aufstellung auf Plätzen innerhalb des Straßenverlaufs wurde bereits verwiesen,[96] ein weiterer Standort ergab sich in gärtnerisch gestalteten Anlagen.

2.2.1.1 Aufstellung auf Plätzen und Höfen mit repräsentativem Charakter

Ein bevorzugter Standort für Monumentalbrunnen sind Plätze, die an städtebaulich bedeutender Stelle liegen, an denen das wichtigste oder die wichtigsten Gebäude der Stadt stehen. In Residenzstädten wie Berlin, Erlangen und Würzburg waren oder sind Brunnen auf dem Platz vor dem Schloß bzw. vor der Residenz aufgestellt (3,7,17), in freien Städten wie Bremen und Worms auf dem Platz vor dem Rathaus (4,16). Auch Höfe innerhalb dieser Gebäude dienen als Aufstellungsort: der Hamburger Hygieiabrunnen (9) steht in dem Hof zwischen

Rathaus und Börse, also den faktisch und ideell zentralen Gebäuden einer Handelsstadt, die Mannheimer Brunnen (13) waren im Schloßhof aufgestellt. Weitere Plätze, die als Standorte in Frage kamen, stehen mit Kunst und Technik in Zusammenhang. Der Leipziger Mendebrunnen (11) wurde auf dem Platz vor dem gerade erweiterten Museum aufgestellt, der Stuhlmann- und der Kiliansbrunnen auf den relativ neu geschaffenen Bahnhofsplätzen der entsprechenden Städte (10,18).

Da diese Plätze im Zusammenhang mit den sie umgebenden Gebäuden den Charakter einer Stadt repräsentieren, verlangen sie nach großzügigen Ausmaßen. Wenn sie also durch einen Brunnen ausgeschmückt werden sollen, so kommt mit Rücksicht auf die Proportionen nur ein monumentales Werk in Frage. Ist der Brunnen zu klein, wird dies, wie in Bamberg, sogleich als Mangel empfunden.[97] In der intimeren Umgebung eines Innenhofes ist eine Konzeption in kleineren Ausmaßen geboten, um den Raum nicht zu sprengen.

Der Brunnen kann in der Mitte oder an den Ecken des Platzes aufgestellt sein. Die Aufstellung an einer Ecke wurde vielfach als die einzige künstlerische Lösung angesehen.[98] Die Aufstellung in der Hauptachse eines Platzes wurde manchmal als störend empfunden, weil die Beziehung des Brunnens zu seiner Umgebung nur ungenügend zum Ausdruck kommt.[99] So wirft Volkmann dem Würzburger Frankoniabrunnen (17) vor, er zerstöre den Raumgedanken Balthasar Neumanns. Neumann habe durch das Freihalten der Mittelachse vor dem Schloß auf die Person des Fürsten als ideellen Mittelpunkt verweisen wollen. Dadurch, daß der Brunnen in genau diese Achse gestellt sei, störe er die Konzeption des Platzes.[100]

2.2.1.2 Aufstellung auf Straßenplätzen

Ein weitere Aufstellungsort für Monumentalbrunnen waren Plätze, die sich durch die Gliederung der angrenzenden Straßen ergaben. Die umstehenden Gebäude waren hier lediglich für die formale (Berücksichtigung der Proportionen), nicht aber für die inhaltliche Konzeption des Brunnens von Belang. Die Aufstellung an diesen Straßenplätzen gestaltete sich problematischer als die an einem repräsentativen Platz. Die Plätze in den Straßen hatten nicht die Größe der alten Schloß- oder Ratsplätze, und sie waren zusätzlich eingeschränkt durch die Führung der neuen Verkehrsmittel, wie Straßen- oder Pferdebahnen. Dennoch wurden auch hier, vielleicht aufgrund der beschränkten Anzahl ausgedehnterer Plätze ohne früheren Brunnenschmuck, monumentale Werke plaziert.

Der Hasselbachbrunnen in Magdeburg (12) sollte ursprünglich auf einem Platz aufgestellt werden, an dem zwei Straßenbahnlinien zusammenliefen . Auch der sonstige Verkehr war an dieser Stelle so stark, daß befürchtet werden mußte, der Betrachter des Brunnens begebe sich bei näherem Herantreten in Gefahr. Der Platz, der schließlich für die Aufstellung des Brunnens gewählt wurde, war in seinen Ausmaßen größer, doch auch hier war der Brunnen von Straßenbahngleisen umschlossen. Der ursprüngliche Entwurf wurde der neuen Situation insofern angepaßt, als der dem ersten Platz formal entsprechende dreieckige Grundriß in einen viereckigen umgewandelt wurde und zu den projektierten drei Eckfiguren eine vierte hinzukam.[101]

Die Brunnen in Erfurt (6) und Nürnberg (15) und der Hamburger Hansabrunnen (8) sind ebenfalls auf Plätzen aufgestellt, die eine Erweiterung an einem Punkt bilden, an dem Verkehrsstraßen zusammenlaufen oder Gabelungen bilden. Die Brunnen sind ihrer Situation im Grundriß und in der Höhe angepaßt. Die Standorte der einzelnen Brunnen waren mehr als bei größeren Plätzen von der Verkehrsführung abhängig.

2.2.1.3 Aufstellung auf Gartenplätzen

Gärtnerisch ausgestaltete Plätze innerhalb der Städte eigneten sich durch ihre meist großzügige Anlage gut für die

Aufstellung von Monumentalbrunnen. Der Betrachter ist hier weniger gestört als auf Plätzen, die dem Verkehrsverlauf unterworfen sind. So wurde der Berliner Wrangelbrunnen (2) 1902 vom Kemperplatz in die Grünanlagen in der Grimmstraße versetzt.[102] Der Platz ist mit Bäumen bepflanzt, um den Brunnen herum laden Bänke den Betrachter zum Verweilen ein.

Als Standort für Brunnen auf Gartenplätzen wurde in den siebziger und achtziger Jahren bevorzugt die Mittelaufstellung gewählt (Paris - Place de la Concorde, Dresden, Düsseldorf - Königsallee.)[103] In Dresden (5) war jeder der beiden Brunnen in der Mitte einer Platzhälfte aufgestellt, der Teilung des Platzes durch die Straße Rechnung tragend. Der Platz war und ist in seinen beiden Teilen gärtnerisch ausgeschmückt und mit Bänken ausgestattet.

Eine Sonderstellung nimmt der Wittelsbacherbrunnen (14) ein. Als eine Art Raumteiler eingesetzt, kann er sowohl den Brunnen auf Garten- als auch denen auf Straßenplätzen zugerechnet werden. Als Abschluß der Parkanlage, die an den Lenbachplatz grenzt, muß der Brunnen auf der einen Seite seiner Wirkung innerhalb der Anlage, auf der anderen seiner Wirkung zum damals schon verkehrsreichen Platz hin Rechnung tragen. Außerdem muß der Brunnen einen Niveauunterschied zwischen Anlage und Platz ausgleichen. Hildebrand begegnete diesen Anforderungen durch Betonung der Breitenwirkung und durch in der Höhe versetzte Brunnenbecken.[104]

Die Hauptansichtsseite des Brunnens ist dem Lenbachplatz zugewandt. Schon zu Zeiten des Baus verliefen hier mehrere Straßenbahnlinien, auf die Rücksicht genommen werden mußte. Die heutige Gestaltung des Platzes wird der ursprünglichen Wirkung des Brunnens nicht mehr gerecht.[105] Es läßt sich jedoch nachvollziehen, daß die Ansicht zum Platz eine Art Schaufront ist, hinter der die Gartenseite besinnlicher gestaltet war. Hildebrand hatte selbst für die Gartenseite eine halbrunde Bank vorgesehen, die auch ausgeführt wurde, heute allerdings entfernt ist.[106]

Die städtebauliche Funktion des Brunnens liegt in der Trennung, nicht in der Verbindung der verschiedenartigen Plätze. Jede der beiden Ansichtsseiten kann den Brunnen als Abschirmung empfinden. Dem Betrachter auf dem Lenbachplatz verwehrt er den Blick in den Park, den Parkbesucher, der sich auf einer Bank niederläßt, schützt er vor dem störenden Verkehr.

2.2.2 TYPOLOGIE UND TRADITION DER STILISTISCHEN MERKMALE

Charakteristisch für den Brunnenbau des Kaiserreiches ist die Vielzahl der gleichzeitig nebeneinander auftretenden Stilformen.

Dennoch ergeben sich Entwicklungen und Tendenzen. In der ganzen Zeit werden Renaissanceformen zitiert, in der dem Klassizismus verhafteten Frühzeit jedoch häufiger als in späteren Jahren. Brunnen, die thematisch den gleichen Inhalt haben, sind in den siebziger Jahren von klassizistischer Statuenhaftigkeit geprägt (2), zehn Jahre später ist ein barokkisierendes Ausufern der Formen zu beobachten (3). Barocke Zitate erfreuen sich gegen Ende des Jahrhunderts einer immer größeren Beliebtheit, in ihrer Weiterentwicklung führen sie um die Jahrhundertwende zum Auftreten rein plastischer Brunnen. Es kommt zu einem schrittweisen Fortfall des architektonischen Aufbaus (4,10), der Weg dorthin führt über den Verlust der formalen Klarheit (13). Der plastische Brunnen hatte sich, zumindest im Bereich der Monumentalbrunnen, in früheren Zeiten nicht durchgestzt.[107]

In den achtziger und neunziger Jahren, der Zeit, in der die meisten Brunnen entstanden, wurde analog zu der damaligen Beliebtheit von Denkmälern beim Bau von Brunnen deren Denkmalcharakter auch formal stärker betont. Eine Form, die diesem Bedürfnis entgegenkommt und gleichzeitig den veränderten städtebaulichen Gegebenheiten Rechnung trägt, findet sich im Obeliskenbrunnen. Dieser gelangt ebenfalls erst in der Kaiserzeit zu stärkerer Verbreitung.

Mit der geringer werdenden Zahl von Brunnenneubauten in der Zeit zwischen der Jahrhundertwende und dem Ersten Weltkrieg wird es problematisch, Stilmerkmale weiter chronologisch zu verfolgen. Aufbau und Inhalt werden stärker verknüpft, so lehnt sich der Siegfriedbrunnen in Worms (16) stilistisch an die Periode an, in der der inhaltliche Hintergrund seines Programms angesiedelt ist. Er rezipiert romanische Formen, die sich im Gegensatz zu Renaissance- und Barockformen sonst keiner besonderen Beliebtheit erfreuten.

Eine Typologie der Stilformen läßt sich in zwei Schritten aufbauen: zuerst muß zwischen architektonischen und plastischen Brunnen unterschieden werden, wobei diese Unterscheidung nur eine vordergründige, am Hauptcharakteristikum orientierte, sein kann. Dann lassen sich im Bereich der architektonisch ausgerichteten Brunnen verschiedene Formen in ihrer Tradition zurückverfolgen, wobei diese auf die in der Kaiserzeit tatsächlich auftretenden Typen beschränkt bleiben sollen.

2.2.2.1 Architektur

Die Architektur des Brunnens leitet sich formal von ursprünglich faktischen Notwendigkeiten her. Der Brunnenkasten, in dem das Wasser der frühen Nutzbrunnen gesammelt und der als Viehtränke genutzt wurde, wurde später zum Brunnenbecken. Der Brunnenstock, ursprünglich als Wasserleitung konzipiert, wurde ebenfalls zum Objekt künstlerischer Gestaltung. Die architektonische Form des Brunnens war noch lange an praktischen Gesichtspunkten orientiert. Volkmann weist darauf hin, daß sich in Deutschland, unabhängig vom jeweiligen Kunstgeschmack, die Form des Marktbrunnens mit geräumigem Wasserbehälter vier Jahrhunderte hindurch erhalten hat. Als Grund sieht er den praktischen Wert dieser Form als Behälter für Löschwasser und als Viehtränke. Für das Verschwinden dieses Types im 18. Jh. macht er die Tatsache verantwortlich, daß das Halten von Vieh in den Städten um diese Zeit aufhört.[108]

Die Architektur des Monumentalbrunnens, dessen praktischer Wert im Hintergrund steht oder gar nicht mehr vorhanden ist, bleibt weitgehend von den aus praktischen Erwägungen gewonnenen formalen Kriterien abhängig. Erst im Denkmalbrunnen des 19. Jhs. wird die Nutzfunktion soweit überflüssig, daß sich Stilgeschichte von Brunnen und Denkmal miteinander verknüpfen.[109]

Die beiden Formen, auf die sich alle Brunnen in ihrem architektonischen Aufbau zurückverfolgen lassen, Schalenbrunnen und Stockbrunnen, seien im folgenden im Hinblick auf die Frage betrachtet, welche traditionell ausgearbeiteten stilistischen Merkmale sich bis ins 19. Jh. erhalten haben bzw. in dieser Zeit wieder aufgenommen werden. Als besondere Form des Stockbrunnens sei der für die Zeit charakteristische Obeliskenbrunnen gesondert behandelt.

a) Schalenbrunnen

Die Form des Schalenbrunnens kann geschichtlich weit zurückverfolgt werden. Bereits aus dem antiken Griechenland werden Schalenbrunnen durch Vasenmalerei überliefert. In Deutschland ist diese Brunnenform seit dem 12. Jh. als Klosterbrunnen nachgewiesen (Sayn, um 1200), seit dem 13. Jh. auch als öffentlicher Marktbrunnen (Goslar, 2. Hälfte 13. Jh.). Der mittelalterliche Schalenbrunnen ist ein- bis zwei-, selten dreischalig.[110] Im 15. Jh. werden die romanischen Breitbauten zugunsten einer die Vertikale betonenden Form aufgegeben, um den Schalenbrunnen dem gotischen Stil anzupassen (Braunschweig, Altstadtmarkt, 1408). Die späteren Schalenbrunnen sind von italienischen Renaissancebrunnen beeinflußt.[111]

Seit dem 15. Jh. hatte sich in Italien die Form des mit einer bekrönenden Statue kombinierten Schalenbrunnens entwickelt. Durch Zeichnungen von Jacopo Bellini vorweggenommen, traten solche tatsächlich gebauten Brunnen ab 1500 auf.[112] Bei den römischen Brunnen stand die architektonische, bei den florentinischen Brunnen die plastische Entwicklung im Vordergrund.[113] Der dekorativ ausgeschmückte Schalenbrunnen mit statuenbekröntem Schaft wird in Deutschland übernommen.[114] Diese Form des Schalenbrunnens wird weitgehend beibehalten, Schalen und Sockel werden stärker ornamentiert. Der Sockel wird mit naturalistischem Felsgestein umgeben (Salzburg, Residenzbrunnen, 1656 - 1661), das an Berninis Vierströmebrunnen erinnert. Die Schalen selbst werden im Barock muschelartig ausgebildet (Butschowitz, Schloßbrunnen, 1637). Das 19. Jh. nimmt schließlich diese verschiedenen Formen wieder auf.

Zwei Arten von Schalenbrunnen haben sich im 19. Jh. erhalten: der ein- oder mehrschalige Brunnen im flachen Umfassungsbecken, dessen Figurenschmuck hauptsächlich um den Sockel gruppiert ist (2,3,5,13), und der statuenbekrönte Mehrschalenbrunnen (9,18). Der Berliner Wrangelbrunnen von 1877 (2,Abb.3) und die Dresdner Brunnen von 1879 - 1894 (5,Abb.16 und 19) unterscheiden sich in ihrer gesamten Konzeption von dem späteren Berliner Neptunbrunnen von 1880 bzw. 1888 - 1891 (3,Abb.8) und den Mannheimer Schloßbrunnen von 1894 - 1898 (13,Abb. 35 und 37). Jene sind in ihrem architektonischen Aufbau dem Stilgefühl der Renaissance verhaftet, während diese durch die Ausformung der Schalen als Muschelbecken barockisierende Tendenzen aufgreifen. Der Figurenschmuck ist beim Wrangelbrunnen noch von statuarischer Ruhe, schon in Dresden werden die Figuren von Bewegung ergriffen. Felsgestein und Meerestiere beleben den Neptunbrunnen. In Mannheim scheinen schließlich die in sich gewundenen Figuren ihren festen Standpunkt zu verlieren. Der Sockel ist, wie beim Neptunbrunnen, so stark von Gesteinsformationen, Netzen und Schleiern bedeckt, daß der architektonische Aufbau nicht mehr ohne weiteres zu erkennen ist.

Der Hamburger Hygieiabrunnen von 1892 bzw. 1895 - 1896 (9, Abb. 29) und der Würzburger Kiliansbrunnen von 1894 - 1895 (18, Abb. 50), die also etwa zur gleichen Zeit wie die Mannheimer Schloßbrunnen entstanden sind, bleiben dem Formgedanken der Renaissance verhaftet. Ihre Bekrönungsfiguren stehen aufrecht, sie sind nicht in sich zusammengesunken wie der Berliner Neptun.

Während die Hygieia von bewegter Leichtigkeit scheint, wirkt der Kilian statuarisch. Auch in der Ausarbeitung der Schalen läßt sich keine Auflösung der Form beobachten. Sie bleiben klar umrissen, die Ränder haben glatte Konturen.

b) Stockbrunnen

Der Stockbrunnen leitet sich von der einfachsten Art des Nutzbrunnens her: in dem Kasten, der das Wasser auffangen sollte, stand aufrecht ein ausgehöhlter Baumstamm, um die Wasserleitung aufzunehmen. Seit dem 14. Jh. entwickelt der Stockbrunnen seine charakteristische Form, aufstrebender Brunnenstock in polygonalem Becken. Zunächst entwickelt sich der gotische Typus des "Schönen Brunnens", dessen Brunnenstock tabernakel- oder fialenförmig ausgebildet ist [115] (Nürnberg, Schöner Brunnen, 1385 - 1396, Ulm, Fischkasten, 1482). Diese Brunnenart setzt sich vor allem für die Marktplätze süddeutscher Städte durch.Durch die Betonung der Vertikalen kommt diese Form dem gotischen Stilgefühl entgegen. Der Stockbrunnen überwiegt im nordischen Raum in dieser Zeit bei weitem gegenüber dem Schalenbrunnen.

In der Renaissance entwickelt sich der Stockbrunnen weiter, indem das Element der Bekrönungsfigur aufgenommen wird. Der charakteristische Typus wird ein polygonales oder rundes Wasserbecken, in dessen Mitte ein Pfosten, Pfeiler oder eine Säule die Bekrönungsfigur trägt (Hildesheim, Rolandbrunnen, 1548, Mergentheim, 1546 - 1548). Als ideales Größenverhältnis zwischen Pfosten und Bekrönungsfigur wird 2:1 empfunden.[116] In Italien wird der Aufbau des Stockbrunnens mit der Architektur von Denkmalanlagen kombiniert,[117] der Pfosten wird zum breitgelagerten Sockel (Bologna, Neptunbrunnen, 1564 - 1566). Durch Rezeption italienischer Vorbilder wird in Deutschland der Grundtypus für die folgende Zeit festgelegt: niedriger, starkprofilierter Beckenrand, kurzer, ornamentierter Pfeiler, der den Sockel für die Bekrönungsfigur bildet. Der Pfeiler kann mit einer oder mehreren halbrunden Schalen kombiniert sein, die dem bewegteren Fall des Wassers zugute kommen[118] (Augsburg, Augustusbrunnen, 1589 - 1594, München, Wittelsbacherbrunnen, um 159o). Der Brunnen wird damit jedoch nicht zum Schalenbrunnen, der Brunnenstock bleibt das beherrschende Element. Durch reiche Ausschmückung erhält er eine eigene Funktion als Bildträger.

Im 19. Jh. existieren mehrere Arten des Stockbrunnens nebeneinander. Der Bamberger Maximiliansbrunnen von 1878 - 188o (1,Abb.1) und der Würzburger Frankoniabrunnen von 1891 - 1894 (17,Abb.46) betonen die plastische Ausschmückung. Die Architektur ist mit dem Figurenschmuck gekoppelt, der Brunnenstock erfüllt hauptsächlich die Funktion des Sockels. Dem Denkmalcharakter des Brunnens wird damit Rechnung getragen. Der Brunnenstock des Hamburger Hansabrunnens von 1875 - 1878 (8,Abb.24) ist dagegen von einem derartigen Eigenleben erfüllt, daß die Bezeichnung "Brunnenstock" unangemessen klingt. Die Funktion des in drei Stockwerke gegliederten Turmes beschränkt sich nicht auf die eines Sockels für die Bekrönungsfigur, er wird auch selbst zum Träger ikonographisch wichtiger Ausschmückung. Eine Kombination aus Stock- und Schalenbrunnen stellt der Paulibrunnen in Erlangen von 1885 - 1889 (7,Abb.22) dar. Auf einem breitgelagertem Brunnenstock barockisierender Ausprägung (starke Ornamentierung, Muschelschalen) setzt ein kleiner Schalenbrunnen als Bekrönung auf. Die ikonographisch bedeutenden Figuren sind am Beckenrand angebracht.

Es werden architektonische Formen vom schlichten Sockel der frühen Renaissance über den eigenständigen Turmaufbau bis zum geschwungenen, barocken Unterbau zitiert. Diese Zitate bestehen zeitlich nebeneinander, rein architektonisch sind die frühen Brunnen einfacher gehalten, funktional läßt sich keine zeitliche Sequenz beobachten.

c) Obeliskenbrunnen

Eine besondere Brunnenform, die im 19.Jh. geläufig wird, ist der Obeliskenbrunnen. Der Obelisk setzt auf einem Sockel auf, so daß diese Brunnen als besondere Form des Stockbrunnens gesehen werden können. Anders als beim herkömmlichen Stockbrunnen dient aber hier die "Säule" nicht als Sockel für die figurale Bekrönung, sondern wird selbst zur Bekrönung. Die Idee, Obelisk und Brunnen miteinander zu kombinieren, stammt aus dem römischen Barock. Die römischen Obelisken, die in der Kaiserzeit aus Ägypten überführt worden waren, wurden von Sixtus V.in christliche Siegeszeichen verwandelt. Bernini stellt in seinem Vierströmebrunnen zum ersten Mal die Synthese zwischen Obelisk und Brunnen her (1651).[119] Der Obelisk steht auf einem Sockel aus naturalistischem Felsgestein, um den sich die plastischen Figuren gruppieren. Bernini wählte das Felsgestein als Sockel, um einen Kontrast zwischen der zerklüfteten Natur und der klaren Form des Obelisken zu erreichen.[120]

Aus den achtziger Jahren des 19.Jhs. sind zahlreiche Obeliskenbrunnen erhalten. Städtebauliche Gründe kamen der Aufstellung entgegen. Durch die Betonung der Vertikalen waren diese Brunnen in der Lage, mit den immer mehr in die Höhe strebenden Mietshäusern zu konkurrieren.[121] Dieser Notwendigkeit war noch beim Bau des Hamburger Hansabrunnens 1875 - 1878 (8,Abb.24) durch die Streckung des Pyramidensockels Rechnung getragen worden, was eine proportionale Unausgewogenheit zur Folge gehabt hatte.

Kurz nach der Errichtung des Hansabrunnens entstanden in z.T. ähnlich problematischer städtebaulicher Umgebung beinahe gleichzeitig eine Reihe von Obeliskenbrunnen: 1883 - 1886 der Mendebrunnen in Leipzig (11,Abb.33), 1883 bzw. 1887 - 1890 der Hasselbachbrunnen in Magdeburg (12,Abb.34), 1886 - 1890 der Brunnen in Erfurt (6,Abb.21) und 1886 - 1890 der Eisenbahnbrunnen in Nürnberg (15,Abb.42). Von Berninis Gedanken des formalen Kontrastes ist bei diesen Brunnen nichts mehr zu spüren. Die Obelisken stehen auf klar gegliederten Sockeln, die selbst der vertikalen Formgebung angepaßt sind. Statt zu einem Kontrast kommt es zu einer Verschmelzung der Formen. So ist bei dem Nürnberger Eisenbahnbrunnen nicht mehr klar zu entscheiden, wo der Sockel aufhört und wo der Obelisk anfängt.

Die Obeliskenbrunnen betonen, wie auch die herkömmlichen Stockbrunnen, den Denkmalcharakter, die Bedeutung des Wassers ist nicht so ausgeprägt wie beim Schalenbrunnen. Der Obeliskenbrunnen wird häufig mit kleinen Halbschalen zur Aufnahme des Wassers versehen. Beim Hasselbachbrunnen und beim Eisenbahnbrunnen reichen die kleingehaltenen Schalen kaum aus, um den Eindruck eines Brunnens hervorzurufen. Der Denkmalidee, die diesen Brunnen inhaltlich innewohnt, wird auch architektonisch derart Rechnung getragen, daß eine Verkümmerung des Brunnengedankens die Folge ist.

2.2.2.2 Plastik

Während Brunnenstock, -kasten und -schalen sich von funktionalen Notwendigkeiten herleiten und erst allmählich künstlerischer Formgebung unterworfen werden, fungiert die Plastik von Anfang an als Ausschmückung und als Träger des ikonographischen Programms. Der plastische Schmuck ist zunächst einfach gehalten, er beschränkt sich im Mittelalter auf Wasserspeier, die als Tierköpfe ausgeformt werden und auf kleine Bekrönungen des Mittelpfostens (Sayn - Pinienzapfen, Goslar - Adler). Doch schon der gotische Brunnen ist reich mit Figuren ausgeschmückt, die eng um den Brunnenstock gruppiert oder in Nischen angebracht sind.

Mit der Entwicklung der vollplastischen Bekrönungsfigur seit dem 16.Jh. wird die Plastik neben der Architektur zum eigenständigen Element. Die Plastik beginnt selbständig auf den Brunnen Bezug zu nehmen, Figuren der antiken Meeresmythologie bevölkern losgelöst von der Architektur die Brunnenbecken (Messina, Dombrunnen, 1547 - 1551). In Deutschland wird die Eigenständigkeit der Plastik teilweise übernommen (Augsburg). Die Figuren werden in das Wasserspiel miteinbezogen, sie fungieren selbst als Wasserspender. Die Loslösung der Figuren vom architektonischen Kern wird für die folgende Zeit beibehalten (Wien, Providenziabrunnen, 1737 - 1739).[122]

Von der Architektur gelöst wird der Figurenschmuck auch im 19.Jh. auf oder im Brunnenbecken plaziert. Der Leipziger Mendebrunnen (11,Abb.33) und der Berliner Neptunbrunnen (3, Abb.8) bedienen sich dieser Form. Eine Vielzahl meeresallegorischer Figuren bevölkern in Leipzig das Becken, in Berlin kauern überlebensgroße Figuren am Beckenrand. Einen neuen Weg geht Hildebrand mit seinem Wittelsbacherbrunnen (14,Abb. 39): die beiden Kolossalfiguren sind zwar tatsächlich und optisch mit dem Brunnen verbunden, stehen aber außerhalb der eigentlichen Architektur.

Eine noch weitergehende Loslösung der Plastik von der Architektur wird im plastischen Brunnen wieder aufgenommen. Schon 1629 hatte Pietro Bernini in dem Baraccia-Brunnen auf der Piazza di Spagna weitgehend auf jegliche Architektur verzichtet. Das Brunnenbecken ist als Schiff ausgearbeitet, in dessen Mitte lediglich ein kleiner Schalenbrunnen steht. Diese Form setzt sich in der folgenden Zeit jedoch nicht durch. Der Teichmannbrunnen in Bremen (4,Abb.15) und der Stuhlmannbrunnen in Hamburg-Altona (10,Abb.31) verzichten bis auf ein flaches Umfassungsbecken auf jegliche Architektur und stellen eine plastische Gruppe stark bewegter Figuren in die Mitte des Beckens.

2.2.3 EINSATZ DES WASSERS

Ein Faktor, der für die Beurteilung des künstlerischen Erscheinungsbildes eines Brunnens nicht vernachlässigt werden darf, ist Art und Umfang des Wasserspiels. Das Wasser ist, auch heute noch, das dem Brunnen urprüngliche Element, welches ihn vom Denkmal unterscheidet. Je reichhaltiger das Wasser verströmt, desto glaubhafter kann eine spezielle Brunnenikonographie zum Ausdruck gebracht werden.

Die ausufernden Wasserspiele der Gärten Südeuropas hatten von jeher im Norden keine besondere Verbreitung gefunden. Die Notwendigkeit, die Luft durch versprühendes Wasser zu kühlen, ergab sich naturgemäß stärker für südliche Länder. Volkmann weist außerdem auf den häßlichen Anblick hin, den leere Brunnenbecken im Winter bieten, wenn die Figuren verschalt und die Becken mit Laub zugeweht sind.[123]

Der Einsatz des Wassers bei Brunnen des 19.Jhs. ist nur selten nach praktischen Gesichtspunkten ausgerichtet. Eine Ausnahme bildet der Hamburger Hygieiabrunnen (9), dessen Wasser die Luft, die ins Rathaus gelangt, kühlt und befeuchtet. Dieser praktische Zweck tritt jedoch optisch kaum in Erscheinung und beeinflußt das künstlerische Gesamtbild nicht.

Die Verwendung des Wassers erfolgt in erster Linie nach ästhetischen Gesichtspunkten. Das vollendetste Wasserspiel wird durch das Entspringen des Wassers an einem hochgelegenen Punkt des Brunnens erreicht, von wo es kaskadenartig in das Umfassungsbecken fällt. Aus diesem kann es durch Wasserspeier erneut in die Höhe gesprüht werden, so daß eine Wechselwirkung des Auf- und Abströmens erreicht wird. Bei einem Schalenbrunnen springt das Wasser gewöhnlich in einer kleinen Fontäne aus der oberen Schale und ergießt sich dann über die Ränder der weiteren Schalen in breiten Schleiern in das Bekken. Stockbrunnen geben ihr Wasser in der Regel aus Auslaufröhren ab, die durch Wasserspeier verkleidet sind,und verbreitern den Fall durch halbkreisförmige Schalen.

In zweiter Linie geschieht der Einsatz des Wassers nach architektonischen und ikonographischen Gesichtspunkten. Für mindestens eine dieser beiden Komponenten kann das Wasser eine unterstützende Funktion ausüben.

Eine architektonische Aufgabe erfüllt das Wasser beim Wittelsbacherbrunnen (14,Abb.39). Durch späteres Einfügen der beiden Wasserbögen zwischen den seitlichen Figuren und der Brunnenmitte setzt Hildebrand das Wasser als architektonische Verbindung zwischen den verschiedenen Teilen des Brunnens ein und verhindert so eine optische Isolation der plastischen Gruppen.[124]

Die im unteren Teil üppig fallenden Wasserschleier des Hamburger Hansabrunnens (8,Abb.24) erfüllen ebenfalls eine architektonische Funktion. Sie beleben den wenig gegliederten Fuß des Brunnens, sie "...gleichen sozusagen durch eine Wasserarchitektur den beregten (sic) Mangel der Steinarchitektur aus."[125] Daß diese Wirkung nur abgeschwächt zur Geltung kommt, erklärt die "Illustrirte Zeitung" folgendermaßen: "Leider ist dieser Ersatz nicht wol (sic) anwendbar, weil bei der Hochgliederigkeit des ganzen Bauwerks und des dadurch bedingten hohen Standorts der Quellen der Wind den Wasserstaub bei starkem Ausströmen über den ganzen Platz hinwegtreibt."[126]

Eine ikonographische Funktion erhält das Wasser hauptsächlich bei Schalenbrunnen und bei plastischen Brunnen.[127] Bei den Dresdner und Mannheimer Brunnen (5,13) fällt das Wasser in breiten Schleiern über den Rand der Schalen und verschleiert so die Figuren, die sich um den Sockel gruppieren (Abb.18). Diese Verschleierung unterstützt die durch das Thema vorgegebene Illusion, daß sich die Figuren auf dem Meeresgrund bzw. im Wasser bewegen. Ähnlich ist die Wirkung bei den plastischen Teichmann- und Stuhlmannbrunnen (4,Abb.15, 10,Abb. 31): durch das mit Wasser gefüllte Becken, aus dem sich der Felsen mit der plastischen Gruppe erhebt, erhält der Brunnen naturalistischen Charakter. Auch das Wasser des Wittelsbacherbrunnens (14,Abb.39) hat neben seiner architektonischen noch eine plastische Funktion: es stellt die Umgebung dar, in der sich die Reitergruppen bewegen. Heilmeyer beschreibt die Anlage folgendermaßen: "Übersehen wir die ganze Anlage, so kommt darin das Element des Wassers in seinen verschiedensten Arten des Vorkommens zum Vorschein: wie in der Natur selbst, tropft, rinnt, fließt, schäumt, tost und sprudelt es innerhalb dieses Rahmens, den Kunst und Natur bilden."[128] Diese Beschreibung läßt sich genauso auf den Mendebrunnen in Leipzig beziehen (11,Abb.33).

Ikonographisch kann das Wasser jedoch immer nur eine unterstützende Wirkung haben, die Bedeutung wird in erster Linie vom plastischen Programm des Brunnens getragen. Das Wasser kann von diesem völlig unabhängig bleiben. So erfüllt der Wasserschleier, der sich beim Würzburger Kiliansbrunnen (18) in gleicher Weise wie bei anderen Schalenbrunnen über den Schalenrand ergießt, lediglich eine ästhetische, nicht aber eine inhaltliche Aufgabe.

Die Fülle des Wassers, die den Brunnen entspringt, ist von sehr unterschiedlichem Ausmaß. Bei einigen ausgeprägten Denkmalbrunnen wie in Magdeburg (12) und Nürnberg (15) fließt das Wasser derart spärlich, daß der Brunnencharakter nahezu verlorengeht. Als Begründung für diese Entwicklung sieht Volkmann neben der Verquickung von Brunnen- und Denkmalgedanken auch den Fortfall der praktischen Bedürfnisse der Wasserversorgung.[129] Allerdings waren auch frühere Monumentalbrunnen zwar in ihrer Entwicklung, nicht aber in ihrer Funktion von praktischen Vorstellungen abhängig, so daß der erste Grund, die Einbeziehung des Denkmalgedankens, wohl für die Entwicklung im 19.Jh. hauptverantwortlich sein dürfte.

Es wurde durchaus als Mangel empfunden, wenn dem Wasser beim Bau eines Brunnens nicht die ihm gebührende Rolle zukam. Selbst bei dem, im Vergleich zu anderen Brunnen, geradezu üppig mit Wasser gespeisten Leipziger Mendebrunnen (11) beklagen Zeitgenossen die Sparsamkeit an Wasser.[130] Dieser Vorwurf wird von Fechner mit dem Hinweis auf die Kosten für eine größerangelegte Wasserversorgung zurückgewiesen.[131]

Der Kostenfaktor spielte bei der Wasserspeisung der Brunnen eine erhebliche Rolle. Brunnen, die einen hohen Verbrauch hatten, wurden mit verschiedenartigen Wassersparern versehen, der Teichmannbrunnen in Bremen mit einer elektrischen Kreiselpumpe, der Leipziger Mendebrunnen mit dem "Körtingschen Wassersparer".[132] Volkmann fordert eine Berücksichtigung der voraussichtlich entstehenden Kosten bei der Entscheidung eines Wettbewerbs.[133]

2.3 IKONOGRAPHIE - ÜBERGREIFENDE THEMENBEREICHE UND EINZELNE MOTIVE

Die plastische Ausschmückung von Brunnen bewegt sich im späten 19.Jh. zunächst in Themenbereichen, die mit dem Wasser als Element in Verbindung stehen. Wasserspeier werden als Fische, vorwiegend als Delphine ausgearbeitet, Brunnenschalen nehmen die Form von Muscheln an. Es dürfte sich dabei um reine Zitate tradierter Formen handeln, die ursprünglich christliche Ikonographie dieser Motive läßt sich nicht mehr nachweisen.[134] Diese Plastik erfüllt in erster Linie eine ausschmückende Funktion. Sie ist in ihrer Bedeutung zwar mit der Idee des Brunnens verbunden, ist aber nicht Träger des speziellen ikonographischen Programms.

Das Programm wird von monumentalen Figuren und Figurengruppen getragen, die als Bekrönung, als Ausschmückung des Sokkels oder in bzw. auf dem Brunnenbecken angeordnet sind. Historische Persönlichkeiten, mythologische Gestalten und Personifikationen sind die Motive der Monumentalplastik. Ikonographisch bewegen sich diese Motive in den Bereichen a) Herrscher, Staat, Kirche, b) Stadtpersonifikationen und c) Wasserallegorie. Ausgehend von den Darstellungsformen soll auf diese Themenbereiche näher eingegangen werden. Dabei stellt sich die Frage, ob die einzelnen ikonographischen Bereiche bestimmten Darstellungsformen zuzuordnen sind oder ob die Darstellungsform vom Inhalt unabhängig bleibt.

2.3.1 DARSTELLUNG HISTORISCHER PERSÖNLICHKEITEN

Historische Persönlichkeiten oder Personen des aktuellen Zeitgeschehens, die im 19. Jh. auf Brunnen dargestellt werden, entstammen im Bereich der Monumentalbrunnen hauptsächlich dem Umfeld von Staat, Kirche und Kultur. Der Personen sind meistens nicht namentlich bezeichnet, sondern durch Kleidung und Attribute zu identifizieren. Darstellungen historischer Personen befinden sich am Bamberger Maximiliansbrunnen (1), am Hamburger Hansabrunnen (8) und an den beiden Würzburger Brunnen (17,18). Der Frankoniabrunnen ist mit kulturgeschichtlich relevanten Figuren bestückt, auf den anderen Brunnen befinden sich Persönlichkeiten aus Staat und Kirche.

Die Bereiche Staat und Kirche sind eng miteinander verbunden. Die Kaiser Heinrich II. und Konstantin sowie die Kaiserin Kunigunde gehören beiden Kategorien an. Sie waren zu Lebzeiten weltliche Herrscher, nach ihrem Tode wurden sie als Heilige verehrt.[135] Das Kaiserpaar (Abb.1 und 2) ist weltlich gekleidet, Kaiser und Kaiserin sind mit Kronen als Symbole ihrer weltlichen Herrschaft ausgestattet. Als weitere Herrschaftsinsignie trug Kaiser Heinrich ein Zepter in der Hand. Andere Attribute, das Dommodell Heinrichs und das Gebetbuch Kunigundes, stellen den Bezug von Herrscher zu Kirche her. In Kleidung und Attributen des Konstantin (Abb. 25) kommt ebenfalls seine ambivalente Zuordnung zum Ausdruck. Der Kaiser ist in römischer Soldatentracht mit Beinschienen und umgebundenem Schwert dargestellt, auf dem Kopf trägt er einen Lorbeerkranz als Zeichen für Sieg und Ruhm. In seinem rechten Arm hält er ein großes Kreuz. Diese Persönlichkeiten werden jeweils in ihrer Doppelfunktion gezeigt, es wird keine Stellung bezogen, welche der Funktionen betont werden soll. Die Verknüpfung zwischen Kircheund Staat wird bis zu ihrem Anfang unter Konstantin dargestellt.

Ausschließlich in ihrer Funktion als weltliche Herrscher werden die Kaiser Karl der Große (8) und Konrad III.(1), Graf Adolf von Schauenburg (8) und König Maximilian I. von Bayern (1) dargestellt. Maximilian (Abb. 2) steht in deutlichem Kontrast zu den früheren Herrschern. Konrad III. (Abb.1) und Adolf von Schauenburg (Abb. 28) werden kämpferisch gerüstet, Karl der Große (Abb. 26) in der Würde seiner Reichsinsignien dargestellt. Maximilian ist weder kriegerisch noch besonders würdevoll. Er trägt zwar einen geschmückten Mantel, sein Kopf ist jedoch ohne jede Bekrönung und leicht nach unten geneigt. In der Hand hält er weder Schwert noch Reichsinsignien, sondern die Verfassungsurkunde. Der Künstler drückt nicht die Machtverhältnisse in seiner eigenen Zeit aus, sondern stellt der Stand des Staates zur Zeit Maximilians (1756 - 1825) dar, also der Person, der hier ein Denkmal gesetzt werden soll. Im Gegensatz zu den prunkvoll ausgestattenen Herrschern früherer Zeit wirkt Maximilian geradezu volkstümlich. Sein Attribut ist nicht Schwert oder Fahne, sondern die Verfassung, mit der der Übergang von personenbezogener Machtausübung zu der Errichtung eines Staates vollzogen wird. Das Herrschaftssymbol wird durch das Staatssymbol abgelöst.

Bischof Ansgar (8) und die heiligen Bischöfe Otto von Bamberg (1) und Kilian (18) sind allein dem kirchlichen Bereich zuzuordnen. Sie sind im bischöflichen Ornat dargestellt. Ansgar (Abb. 27) und Otto von Bamberg (Abb. 2) halten einen Bischofsstab in der Hand, Kilian (Abb. 51) einen Wanderstab, dessen Spitze durch ein Kreuz gebildet wird. Dieser Stab symbolisiert die Missionstätigkeit des Heiligen.[136]

Personen aus dem Bereich der Kultur werden auf dem Würzburger Frankoniabrunnen dargestellt. Walter von der Vogelweide (Abb. 47) , Matthias Grünewald (Abb. 49) und Tilman Riemenschneider (Abb. 48) sind auf ihren Sockeln namentlich bezeichnet, aber auch durch ihre Attribute gekennzeichnet. Walter von der Vogelweide und Riemenschneider wären auch ohne Bezeichnung klar zu identifizieren, der erste verkörpert durch seine Sitzhaltung sein bekanntestes Werk,[136a] der zweite arbeitet an einer Madonnenstatuette, die zwar nicht als ein real existierendes Werk identifiziert werden kann,[136b] wohl aber stilistisch seinen Werken so nahekommt, daß es zu einer Identifizierung ausreicht.

Alle Personen werden durch ihre Kleidung ihrer jeweiligen Zeit zugeordnet. Grünewald ist durch beigegebene Attribute nicht als Persönlichkeit gekennzeichnet, sondern als Idealbild eines Malers, der gedankenversunken sein Bild betrachtet. In der Gestaltung der anderen Figuren ist eine Kombination aus Idealbild und Darstellung einer bestimmten Person gelungen. Gesten und Attribute können sowohl den einzelnen Künstler kennzeichnen, als auch als Symbolisierung des Dichters und Sängers oder des bildenden Künstlers fungieren. Die Bedeutung der Kultur als Ganzes wird durch die Darstellung der Bereiche Dichtkunst/Gesang, Malerei und bildende Kunst unterstrichen. Die Darstellung dieser einzelnen Bereiche wirkt ihrerseits symbolisch für das Gesamtprogramm des Brunnens, wie der einzelne Künstler als Symbol für die Kunstrichtung steht. Die Wahl des jeweiligen Künstlers richtet sich nach dessen Bedeutung für die Stadt, deren Kultur hervorgehoben werden soll.

In den Programmen von Brunnen, auf denen historische Persönlichkeiten dargestellt sind, wird die Bemühung sichtbar, möglichst viele Bezüge zu der Stadt herzustellen, in der der Brunnen steht. Das Programm bleibt jedoch nicht auf die Stadt beschränkt, es bezieht sich auch auf weitere geographische Gebiete (Franken, Bayern, Norddeutschland). Nicht die Stadt steht hier im Vordergrund, sondern der weltliche oder geistliche Herrschaftsbereich, in den die Stadt fällt. Die Kunst wird hier der Personifikation des Landes Franken untergeordnet, unter dessen Schutz und zu dessen Nutzen sie ausgeübt wird.

Historische Persönlichkeiten werden als Bekrönungsfiguren, am Brunnen-Sockel oder auf dem Beckenrand dargestellt. In ihrer Haltung drückt sich der Respekt des Künstlers vor der Geschichte aus, Ruhe bis zur Statuenhaftigkeit herrscht vor, in den Bereich der bewegten, gewundenen Figuren finden historische Persönlichkeiten keinen Eingang.

2.3.2 DARSTELLUNG MYTHOLOGISCHER GESTALTEN

Die mythologischen Gestalten, die auf den Brunnen dargestellt werden, entstammen vorwiegend der antiken Mythologie. Im Bereich der Monumentalbrunnen findet man Neptun, Merkur und natürlich eine Reihe Figuren der Meeresmythologie. Erst nach der Jahrhundertwende werden Heldengestalten der germanischen Mythologie in die Programme aufgenommen. Die Darstellung von Figuren, die in Verbindung zum Wasser stehen, kommt am häufigsten vor. Da Neptun- und Merkurdarstellungen auf Brunnen traditionell von besonderer Bedeutung sind, sollen diese gesondert behandelt werden.

2.3.2.1 Neptunbrunnen

Neptun ist die mythologische Gestalt, die mit der Brunnenikonographie am engsten verbunden ist. Seit der italienischen Renaissance werden Brunnen mit Neptunsstatuen bekrönt. Als Gott des Meeres und des Wassers schlechthin ist die Beziehung Neptuns zu Brunnen bereits gegeben. Eine tiefere Bedeutung erhalten die Darstellungen durch ihre Verbindung mit der Herrschersymbolik in Anlehnung an das "Quos Ego" von Vergil. Neptun ist demnach in der Lage, das aufgewühlte Meer wieder zu besänftigen.[137] Dieses Bild wird seit der Renaissance und besonders im Barock auf Herrscher angewandt, so auf Papst Julius II., als dieser versuchte, den in Aufruhr geratenen Kirchenstaat zu beruhigen.[138] Rubens stellt Neptun als Verkörperung der Zeilen Vergils unter dem Titel "Quos Ego" dar. Als Besänftiger der Wogen ist Neptun unter anderem auf der Fontana di Trevi und in Besançon dargestellt.[138a]

Das Attribut des Neptun, der Dreizack, gilt als Symbol der Herrschaft über das Meer, da er die Fähigkeit besitzt, das Meer zu erhalten, es aufzuwühlen und es zu beruhigen. Auf antiken Münzen steht der Dreizack als Symbol der Seeherrschaft.[139] Außerdem ist er das Emblem des personifizierten

Meeres.[140] Der Neptunbrunnen in Berlin nimmt diese Zusammenhänge inhaltlich auf (3).

2.3.2.2 Merkurbrunnen

Wie Neptun für die politische, so steht Merkur für die wirtschaftliche Wohlfahrt des Staates oder der Stadt. Als Gott des Handels und des Verkehrs ist ihm als Attribut der achtförmig verschlungene Stab, der Caduceus, beigegeben, der in der Antike auch als Zeichen der Herrscherwürde galt. Aufbauend auf mannigfaltigen Bedeutungen in der Spätantike wird der Stab in der Renaissance zum Symbol der Wohlfahrt und zum Attribut von Personifikationen glücklicher Zustände wie Abundantia, Pax, Fortuna, auch Eintracht und Sicherheit.[141] Dem Merkur kommt damit eine ähnliche Symbolik zu wie Neptun, beide versinnbildlichen Aspekte des gesellschaftlichen Wohlergehens.

In Verbindung mit Brunnen tritt Merkur im 19. Jh. hauptsächlich in Hafen- und Handelsstädten auf. Auf dem Teichmannbrunnen in Bremen (4) ist ein Merkur dargestellt (Abb. 14), dieser hält statt eines Caduceus einen blühenden Zweig als Zeichen der wirtschaftlichen Blüte in der Hand. In dem Wettbewerbsentwurf von 1895 hatte Maison ihn noch mit einem Caduceus ausgestattet, an dessen Ende eine Blüte ausgebildet war.[142] Der Hygieiabrunnen in Hamburg (9) sollte ursprünglich als Bekrönung eine Merkurstatue tragen.[143] Auch Bezüge zu der Bedeutung Merkurs als Gott des Verkehrs finden sich im 19. Jh., so auf dem Nürnberger Eisenbahnbrunnen (15).

Die ikonographischen Zusammenhänge, die bei der Darstellung mythologischer Gestalten zum Tragen kommen, leiten ihre Ursprünge größtenteils aus der Renaissance her. Der Barock führt die auf antiken Inhalten basierenden Vorstellungen fort. Während im 19. Jh. zunächst lediglich die antike Mythologie Eingang in die Brunnenplastik findet, werden nach der Jahrhundertwende die Darstellungen auch auf die germanische Mythologie ausgedehnt. Von dorther und aus der Antike werden

Heldengestalten übernommen. In Berlin entstanden 1902 der Herkulesbrunnen auf dem Lützowplatz und 1903 der Rolandbrunnen (beide zerstört), in Worms 1914/21 der Siegfriedbrunnen (16). Im Gegensatz zu Neptunbrunnen, die sich gedanklich auf das Gebiet des Deutschen Reiches beziehen, steht das Programm von Merkur-, Siegfried- und Rolandbrunnen traditionell im Zusammenhang zur Stadtgeschichte. Die Götter und Helden schützen die Stadt selbst oder die Faktoren, auf denen ihr Wohlergehen gegründet ist (Handel).

2.3.2.3 Wassermythologie

Die mythologischen Gestalten, die auf Brunnen dargestellt werden, stehen natürlich vorwiegend mit dem Bereich des Wassers in Verbindung. Tritonen und Meernymphen sind beliebte Motive der Brunnenplastik. Die Verbindung zum Element Wasser wird, wenn möglich, hergestellt. So werden Zentauren, die normalerweise dem Land zugeordnet sind, auf Brunnen im Wasser angesiedelt oder zumindestens mit dem Element in Verbindung gebracht. In Bremen zieht ein Zentaur ein Boot durch das Wasser, in Hamburg-Altona kämpfen Zentauren um einen Fisch.

Tiere erhalten mythologische Gestalt, damit sie dem Element zugeordnet werden können: Pferde (5b,11,14) werden zu Hippokampen, laut Pausanias "ein Pferd, das von der Brust an einem Seeungeheuer gleicht",[144] selbst Stiere erhalten einen Fischschwanz (14). Der "Wasserstier" des Wittelsbacherbrunnens (Abb. 41) wurde bisweilen als übertrieben empfunden, in einer zeitgenössischen Kritik heißt es: "Diese Spezies von Vieh macht den guten Münchnern viel zu schaffen: ... ein Stier, dessen Körper in einen Fischschwanz ausgeht, scheint ihnen mit Linné und selbst mit Darwin, dem man doch viel zutrauen darf, unvereinbar."[145] Der Fischschwanz des Stieres scheint auch aus dem Grunde überflüssig, weil der Topos "Stier, der eine weibliche Gestalt davonträgt" ohnehin mythologische Bezüge hervorruft, die mit dem Wasser in engem Zusammenhang stehen

(Entführung Europas). Ferner sei darauf hingewiesen, daß sowohl Stier als auch Pferd dem Neptun zugeordnet werden können.[146]

2.3.3 ALLEGORIE UND PERSONIFIKATION

Allegorische Brunnenfiguren beschränken sich nicht nur auf die Darstellungsform der Personifikation. Kompliziertere Zusammenhänge, in denen Personifikationen zu fiktiven Handlungen vereinigt werden, erscheinen ebenfalls in der Brunnenplastik. Wenn das Element der Handlung in das figürliche Programm miteinbezogen wird, so sind die handelnden Figuren jedoch meistens mythologische Gestalten. Eine allegorische Sinngebung kann auch im nachhinein unterstellt werden (Stuhlmannbrunnen,10).

Brunnen, auf denen Personifikationen zu Handlungen zusammenfinden, stehen meistens inhaltlich in Zusammenhang mit dem Gedanken an das Element Wasser. Ob die Personifikation als ein Darstellungsmittel der Allegorie angesehen werden kann[147] oder ob sie eine von der Allegorie unabhängige Kunstform bildet,[148] ist für diesen Zusammenhang nicht weiter von Bedeutung, die Personifikation soll hier gemeinsam mit der Allegorie betrachtet werden. Ähnliches trifft für die Darstellung von Genien zu,[149] die spätestens im Klassizismus ihre antike Bedeutung von Schutzgeistern verloren und zu Trägern allegorischer Sinngehalte in der Art von Personifikationen geworden sind.[150]

2.3.3.1 Allegorien auf das Deutsche Reich

Im Brunnenbau ist die allegorische Darstellung eines Herrschaftsgebietes traditionell mit der Personifizierung des oder der wichtigsten Flüsse verbunden. Die Personifikation von vier Flüssen auf einem Brunnen leitet sich von der Darstellung der Paradiesströme her. Diese symbolisieren die vier Erdteile, in die das Evangelium gebracht werden soll. Die

Vorstellung, die vier Himmelsrichtungen durch Ströme zu symbolisieren, ist sogar noch älter. Schon Vergil vermutete auf dem vierzigsten Breitengrad einen Berg, der den Ursprung für vier große Gewässer bildet, welche in die vier Himmelsrichtungen auseinanderlaufen.[151] Die Paradiesflüsse bilden im Mittelalter einen wichtigen Bestandteil der Lebensbrunnendarstellungen.[152]

Seit etwa 1600 lebt die Darstellung der Welt unter dem Bild der großen Flüsse wieder auf (Okeanusbrunnen in den Boboligärten, Rubens "Vier Weltflüsse"). Berninis Vierströmebrunnen bildet einen Höhepunkt in der Verbindung von christlicher und politischer Ikonographie. Als Symbol der "Propaganda Fide" verkörpern die Flüsse Nil, Donau, Ganges und Rio della Plata die vier Erdteile. Kauffmann weist darauf hin, daß hier Flüsse gewählt wurden, die charakteristisch für Gebiete sind, auf die sich die Missionstätigkeit richtete, daß z.B. für Europa nicht, wie üblich, der Tiber, sondern die Donau gewählt wurde.[153]

In anderen Brunnen wird die Bedeutung der vier Flüsse von dem Symbol der Erdteile auf das Symbol kleinerer geographischer Einheiten reduziert. Die Flüsse des Augsburger Augustusbrunnens deuten lediglich auf die Stadt Augsburg hin. Während der Providenziabrunnen in Wien mit der Darstellung der Flüsse Enns, March, Ybbs und Traun seine nationale Definition 1739 auf ein relativ kleines Gebiet beschränkt, so definiert der Brunnen von Schwanthaler in Wien 1844 die Hauptflüsse des Habsburger Kaiserreiches bedeutend großzügiger.

Elbe und Weichsel werden wenig später auch als Symbol des Deutschen Reiches übernommen. Die Berliner Wrangel- und Neptunbrunnen (2,3,Abb.3,8) definieren dieses durch Elbe, Weichsel, Oder und Rhein. Der politische Sinngehalt wird bei beiden Brunnen durch die weiteren plastischen Elemente noch unterstrichen (siehe 3.2 und 3.3, Ikonographie). Die ersten drei Flüsse sind mit austauschbaren Attributen versehen, die sich auf Schiffbarkeit und Erwerbszweige an den Ufern des jeweiligen Flusses beziehen.

Dem Rhein kommt eine Sonderstellung zu. Ausgehend von der deutschen Mythologie der Nibelungensage, stand er traditionell in Verbindung mit Kaisertum und Reichsidee. Die deutsche Kaiserkrone galt als Teil des Nibelungenhortes. Die mystische Verklärung des Rheins erhält einen politischen Akzent in der patriotischen Lyrik der Befreiungskriege (Schenkendorf: "Lied vom Rhein, 1814, von Platen: "Am Ufer des Rheins, 1815), die im ganzen 19.Jh. fortgesetzt wird (Becker: "Sie sollen ihn nicht haben...", 1840).[154]

Allein die Personifikationen des Rheins genügen, das Deutsche Reich zu symbolisieren. Der Topos "Vater Rhein" erhält auch in der Brunnenplastik seinen Platz. 1897 entsteht der Düsseldorfer Brunnen "Vater Rhein und seine Töchter" von Karl Janssen und Joseph Tüshaus, ebenfalls 1897 Hildebrands "Vater-Rhein"-Brunnen für Straßburg und 1915 der Kölner "Vater-Rhein"-Brunnen desselben Künstlers.[155] Während der Siegfriedbrunnen in Worms (16) stadtgeschichtliche Züge aufweist, stehen Personifikationen des Rheins mit dem Reichsgedanken in Verbindung. Die Mannheimer Schloßbrunnen (13) bilden eine Allegorie auf den Rhein, indem sie dessen Eigenschaften durch verschiedene Personifikationen und mythologische Gestalten zum Ausdruck bringen. Der eine Brunnen stellt die Rheintöchter dar, der andere ist mit Personifikationen von Arbeit, Fischfang, Weinanbau und Kunst versehen. Die Reichstradition sowie die wirtschaftliche und kulturelle Blüte des Kaiserreiches kommen hier zum Ausdruck.

Die Personifikation des Flusses durch eine einzige Figur erfolgte üblicherweise nach dem erwähnten "Vater-Rhein"-Typus. Der Berliner Wrangelbrunnen (2) entspricht dieser Tradition (Abb. 4), während Begas den Fluß in Analogie zu seinen übrigen Beckenfiguren als junge Frau darstellt (Abb. 11). Diese Darstellungsweise wurde als ungewöhnlich empfunden und abgelehnt.[156] Die Personifikation von Flüssen durch männliche Figuren mag mit der Mythologie von antiken Flußgöttern in Verbindung stehen, die zwar beim Rhein durch die lange Tradition der Darstellung, bei den anderen preußischen Strömen aber nicht zum Tragen kommt. Für diese Möglichkeit spricht, daß beim Wrangelbrunnen nur der Rhein durch eine männliche, die anderen Flüsse jedoch alle durch weibliche Figuren personifiziert werden.

2.3.3.2 Personifikationen von Städten und deren Errungenschaften

Die Allegorie, die sich auf eine Stadt selbst oder auf bestimmte Kennzeichen einer Stadt richtet, findet sich im 19.Jh. hauptsächlich im Bereich von Personifikationen. Teilweise wird die Stadt selbst personifiziert, so als Erlangia auf dem Paulibrunnen in Erlangen (7) und als Nürnberg und Fürth auf dem Nürnberger Eisenbahnbrunnen (15). Auch die Hansa auf dem Hamburger Hansabrunnen (8) ist mit Einschränkung dazuzuzählen, sie steht zwar als Symbol für den ganzen Hansebund, verweist aber hier besonders auf Hamburg. Als Personifikation einer Region steht die Frankonia auf dem Würzburger Frankoniabrunnen (17).

Die Stadtpersonifikationen sind durch weibliche Figuren wiedergegeben, die in üppige Gewänder gehüllt sind. Daß die Gestalten weiblich sind, ist zu erwarten. Das Geschlecht der Personifikation richtet sich in der Regel nach dem Genus der lateinischen Form,[157] Städte sind im Lateinischen weiblich.

Die Erlangiafigur(Abb.23a) sowohl Allegorie als auch Personifikation - die meisten ihrer Attribute sind austauschbar, sie beziehen sich auf das wirtschaftliche Wohlergehen der Stadt. Die Mauerkrone steht für das Handwerk, das Zahnrad für die Industrie und das Füllhorn mit den Früchten für die Landwirtschaft, also die Erwerbszweige, die für das Wohlergehen der Stadt von Bedeutung sind. Die Identifizierung der Figur als Erlangia wird erst durch das Wappen möglich, das sie neben sich hält, eine alte Form des Erlanger Stadtwappens. Diese Figur allein reicht aus, um die Stadt zu kennzeichnen.

Der Erlangia kommt jedoch eine ambivalente Bedeutung zu: einerseits symbolisiert sie als Personifikation die Stadt als Ganzes, andererseits nur die wirtschaftliche Seite, die durch die kulturelle in ihrer Personifikation der Universität ergänzt wird (Abb.23).

Eine Stadt kann sich auch durch mehrere einzelne Personifikationen definieren. Diese beziehen sich dann auf die Bereiche, die für das Selbstverständnis der Stadt von besonderer Bedeutung sind. Die Personifikation der Industrie darf in dieser Zeit nicht fehlen, sei es, daß ihr eine eigene Figur gewidmet ist, wie in Erfurt und Magdeburg, sei es, daß sie mit anderen Gebieten gemeinsam in einer Figur symbolisiert wird, wie in Erlangen. Als Symbol der neuen Zeit kommt der Industrie eine ähnliche Funktion zu wie dem Genius des Verkehrs auf dem Nürnberger Eisenbahnbrunnen (15).

Allegorien auf die Landwirtschaft finden sich als Einzelpersonifikationen in Erfurt (Abb.21) und Magdeburg (Abb. 34). In Erfurt ist ein Teilbereich der Landwirtschaft personifiziert, der Gartenbau. Im Gegensatz zu der zweiten Figur, der Industrie, die austauschbar für jede Stadt ist, bezieht sich der Gartenbau in besonderer Weise auf Erfurt und trägt damit zur eigenen Definition der Stadt bei. In Magdeburg hat die Landwirtschaft nicht diese charakterisierende Funktion, sie bleibt als eine unter vier Personifikationen allgemeingültig. In Erlangen geht die Landwirtschaft als einer von drei Faktoren in die Figur der Erlangia ein.

Die Wissenschaft wird in Magdeburg durch eine lesende Frau dargestellt. Diese und die vierte Personifikation, die des Handels, dargestellt durch einen Jüngling mit Caduceus, sind nicht sonderlich hervorgehoben.

In Kaufmannsstädten wie Bremen und Hamburg dagegen ist der Handel besonders betont. Der Teichmannbrunnen in Bremen (4) bildet eine Allegorie auf den Seehandel, der mit seinen Gefahren und Erfolgen dargestellt wird. Von guten und bösen Meereswesen begleitet, geleitet der Seemann die Waren unter dem Schutz des Merkur über das Wasser (Abb. 14). Hier bezieht sich die Allegorie auf den charakterisierenden Faktor der Handelsstadt am Wasser und steht damit für die Stadt selbst. Der Genius des Handels erscheint auf dem Berliner Wrangelbrunnen als Stütze des Deutschen Reiches (Abb.3).

In Magdeburg ist die Stadt durch das Zusammenwirken austauschbarer Faktoren charakterisiert, die ohne das speziell auf die Stadt bezogene Medaillon auch jedes andere Gemeinwesen charakterisieren könnte.

In der weitgehenden Austauschbarkeit der Personifikationen - selbst die charakterisierenden Figuren sind austauschbar, Universität und Gartenbau hat es schließlich auch in anderen Städten gegeben - liegt ein Hinweis auf die zeitlich bedingten Wertmaßstäbe. Jede Stadt beruft sich auf die Dinge, die sie für Errungenschaften zur Sicherung des allgemeinen Wohlergehens hält. Industrie, Handwerk und Landwirtschaft - auf diese drei Faktoren wird am häufigsten verwiesen. Sie können allein stehen oder zu einer Figur zusammengezogen werden. Dazu kommt der Handel. Auf dem Nürnberger Eisenbahnbrunnen (15) ist als Symbol für die Industrie ein Zahnrad angebracht, darauf gekreuzt ein Caduceus für den Handel und eine Spindel für die Landwirtschaft.

Diesen, auf das wirtschaftliche Wohlergehen gerichteten Personifikationen stehen kulturelle Symbole entgegen, Wissenschaft und Kunst, die ebenfalls zu einer Person vereinigt werden können. Beide Bereiche stehen sich nicht antithetisch gegenüber, sondern zeigen in ihrer Gemeinsamkeit die Errungenschaften, die für das Gemeinwesen von Bedeutung sind, auf die sich der Stolz der Stadt richtet.

Hinweise auf den Bereich des Krieges finden sich auf diesen ausgesprochenen Stadtbrunnen kaum, lediglich der männlichen Figur des Erfurter Brunnens ist, an wenig sichtbarer Stelle, ein Helm beigegeben. Zum Tragen kommt dieses Thema bei Reichsallegorien, wie z.B. durch den Genius der Wehrkraft des Wrangelbrunnens (2).

2.3.3.3 Wasserallegorien

Eine Allegorie auf das Wasser selbst gehört zu den reizvollsten ikonographischen Programmen der Brunnenplastik. Die Gefahr, daß der Brunnen zum Denkmal reduziert wird, ist hier am wenigsten gegeben. Das Wasser, das sich aus dem Brunnen ergießt, kann und muß in das Programm integriert werden, einer Synthese zwischen Wasser und Plastik steht nichts im Wege.

Bei den Wasserallegorien kommt die ambivalente Bedeutung des Elements für den Menschen zum Ausdruck. Das ruhige, gebändigte Wasser steht gegen den wilden, zerstörenden Strom.

Der Mendebrunnen in Leipzig (11) bezieht sich auf die positive Seite des Elements. Durch den nach oben weisenden Obelisken wird der moralisierende Aspekt bereits deutlich: das Wasser kommt als Geschenk vom Himmel, es wird von engelhaften Putten aus Füllhörnern den Menschen zum Nutzen weitergeschenkt. Die Vielfalt des Lebens im Wasser wird auf der unteren Ebene durch eine Unzahl meeresmythologischer Gestalten angedeutet, die zwischen den zahlreichen Wasserstrahlen ihr Spiel treiben (Abb.33).

Der Stuhlmannbrunnen in Hamburg-Altona (10) drückt die Wildheit des Wassers aus. Die heftig bewegte Mittelgruppe wird von kämpfenden Kentauren beherrscht.

Beide Seiten des Wassers werden in den Dresdner Brunnen (5) und im Wittelsbacherbrunnen in München (14) ausgedrückt. In Dresden waren es zwei Brunnen, deren Benennung "Stilles Wasser" und "Stürmische Wogen" bereits das Programm implizieren. Beide Brunnensockel sind mit mythologisch inspirierten Figuren umgeben, auch die Gruppe "Stilles Wasser" ist stark bewegt. Während hier heiteres Spiel, Musik und Tanz gezeigt werden, werden in der Gruppe "Stürmische Wogen" Kämpfe ausgetragen. In der spielenden Gruppe herrschen weibliche, in der kämpferischen männliche Gestalten vor, entsprechend der Rollenzuweisung der Geschlechter. Das Assoziationspaar Frieden - Krieg wird hervorgerufen, die Zustände des Wassers lassen sich auf die Zustände des Staates übertragen.

Der Wittelsbacherbrunnen (14) drückt das Begriffspaar Zerstörung - Segen (des Wassers) auf einem Brunnen durch zwei Figurengruppen aus. Auch hier steht die männliche Figur für den zerstörenden, die weibliche für den befruchtenden Faktor. Die Assoziation von Frieden und Krieg wird auch hier im Betrachter hervorgerufen, ist aber höchstens nebenbei intendiert. Die wilden und die durch den Menschen gezähmten Kräfte des Wassers sind das eigentliche Thema, vorgegeben durch den Anlaß für den Brunnenbau, die Fertigstellung der städtischen Wasserversorgung.

2.4 REZEPTION

Der Errichtung neuer Brunnen wurde von seiten der Öffentlichkeit und in Fachkreisen zunächst ein starkes Interesse entgegengebracht. Kunst- und Bauzeitschriften befaßten sich in Meldungen und Notizen mit der Ausschreibung von Brunnenprojekten, dem Fortgang und den Schwierigkeiten beim Bau und mit der Enthüllung. Zu diesem Anlaß wurden längere Artikel, Würdigungen und Kritiken veröffentlicht, durch die sich heute die zeitgenössische Rezeption der Brunnen nachvollziehen läßt.

Meistens beurteilten zeitgenössische Veröffentlichungen die Brunnen positiv, auch Werke, die von späteren Generationen anders gesehen werden sollten. So feiert das "Centralblatt der Bauverwaltung" 1891 den Neptunbrunnen in Berlin (3) als Befreiung von akademischen Regeln,[158] die "Deutsche Bauzeitung" geht in ihrem Lob noch weiter - hier heißt es: "Das herrliche Werk, das von Allen, die es gesehen haben, als eine der hervor ragendsten künstlerischen Schöpfungen unserer Zeit gerühmt wird..."[159] Anders wurde der Brunnen in der DDR beurteilt, das "Lexikon der Kunst" sieht ihn als Nachahmer des Barocks in einer historisierenden Epoche.[160] Durch seine Neuaufstellung im Jahre 1969, an zentraler Stelle, direkt vor dem Rathaus, scheint der Brunnen jedoch glänzend rehabilitiert.

Auch andere Brunnen werden heute negativ gesehen. So bezeichnet Häußler den Nürnberger Eisenbahnbrunnen (15) als "...zeittypisch für das Repräsentationsbedürfnis und die Aufwandsgesinnung der Wilhelminischen Ära..." und weist auf die überzogene Damenmode hin.[161] Anläßlich der Einweihung hatte die Nürnberger Stadtchronik den Eindruck, den der Brunnen hervorrief,als "überaus anmutig" empfunden.[162]

Die negative Beurteilung einzelner Brunnen setzt jedoch nicht erst in heutiger Zeit ein. So mußte sich der Würzburger Frankoniabrunnen (17) schon bald Kritik gefallen lassen. 1907 lobt "Woerl's Illustrierter Führer durch Würzburg und Umgebung" noch, der Brunnen sei "...ganz im Stil des Renaissanceschlosses entworfen und zu diesem so passend, als habe er von jeher ein Glied des Schlosses gebildet...",[163] doch schon 1911 kritisiert Volkmann eben den Standort des Brunnens.[164] 1921 bezeichnet Memminger den Brunnen als "...an sich gewiß ein tüchtiges Werk...", kritisiert aber ebenfalls den Standort und außerdem die Auswahl der plastischen Figuren und die Proportionen des Brunnens in seiner Beziehung zum Schloß.[165]

Die zeitgenössische Kritik war jedoch nicht blind gegen die Schwächen einzelner Brunnen. So spricht sich schon 1880 ein Zeitungsbericht gegen die schwache Wirkung aus, die der Maximiliansbrunnen in Bamberg (1) an seinem Aufstellungsort erziehlt.[166] Diese Kritik wird beibehalten, die spätere Einschätzung des Brunnens bewegt sich von der Erwägung, den Brunnen zu entfernen,[167] bis zu liebevoller Duldung nach dem Motto: "Ein ungeteilter Genuß ist er ja nicht gerade, der Maxbrunnen, aber ohne ihn wäre der Maxplatz für uns kein Maxplatz."[168]

Die gleiche, etwas sentimentale Haltung der öffentlichen Presse den Brunnen gegenüber findet sich auch heute. Das "Hamburger Abendblatt" sieht 1978 den Stuhlmannbrunnen (10) "...wie einen Gruß aus fernen Tagen der einst selbständigen Stadt".[169]

Nicht immer stand man den Brunnen wie heute mit einer Art freundlichen Duldung gegenüber. Während des Zweiten Weltkrieges wurden der Teichmannbrunnen in Bremen (4) und die Mannheimer Schloßbrunnen (13) für Metallspenden eingeschmolzen, die Kiliansstatue aus Würzburg (18) entging nur knapp demselben Schicksal. Der Kiliansbrunnen war zur Zeit seiner Enthüllung für "...eine kostbare Zierde und Ehre, ein dauerhaftes Wahrzeichen der Kiliansstadt und ihres Verhältnisses zum Regentenhaus"[170] gehalten worden.

Den Mannheimer Brunnen (13), die zu ihrer Enthüllung als "Zierde unserer Vaterstadt" bezeichnet wurden, wurde zu dem gleichen Anlaß gewünscht: "Möchten die beiden Werke eine rühmliche Zierde Mannheims, ein Monument seines hohen Aufschwungs und des edlen Sinnes seiner Bürger in unserer Zeit durch die Jahrhunderte sein."[171] Die Zeitung, die von der Demontage der Brunnen im Jahre 1940 berichtet, bediente sich eines anderen Tones. Sie stellt die Brunnen als "bronzene Rheingoldidylle" hin und bezeichnet die "künstlerisch zweifelhaften Schmuckstücke" als Repräsentanten für eine "glücklich überwundene Jugendstilpracht" und gleichzeitig für eine "glücklich überwundene Stilepoche voll verlogener Naturalistik". Außerdem gibt die Zeitung Bemerkungen der Zuschauer wieder, die zum Ausdruck bringen sollen, daß die Brunnen in der Bevölkerung lächerlich wirkten.[172]

Es gibt jedoch auch Brunnen, die von ihrer Entstehung bis heute durchweg positiv beurteilt wurden. Der Wittelsbacherbrunnen (14) wird nicht nur in Zeitungen gelobt, er wird auch in der Fachliteratur positiv bewertet. 1895 wurde Hildebrand prophezeit: "Darum wird sein Werk (der Wittelsbacherbrunnen) zu jenen zählen, an denen sich kein Jahrhundert satt schauen wird."[173] 1930 nennt Sattler den Brunnen "...eine(r) der größten Brunnenanlagen Deutschlands und wohl die bedeutendste Schöpfung des Jahrhunderts."[174] Als einen von wenigen Brunnen seiner Zeit erwähnt ihn Lill 1948 in seinem Beitrag für das "Reallexikon zur Deutschen Kunstgeschichte", er hält ihn für den "vollendetsten und selbständigsten der ganzen Richtung".[175] Auch im "Lexikon der Kunst" wird er als "selbständige Lösung" bezeichnet und als Beleg für einen Aufschwung in Thematik und Gestaltung der Brunnenplastik gesehen.[176] Wittstock vergleicht den Wittelsbacherbrunnen mit dem Berliner Neptunbrunnen und hält ihn ebenfalls für selbständiger.[177]

Der Monumentalität der Brunnen stand man zu Beginn des 20. Jhs. skeptisch gegenüber. So schreibt Neumann 1906: "Eine Zeitlang schien es, als ob die Riesendimensionen und die ihr aufgesetzten geschwänzten Ungetüme als Brunnenmotiv allgemein würden."[178] Ähnlich drückt sich Rein 1912 aus: "Aber wie die Denkmalskunst überhaupt, mußte auch die Brunnenbaukunst erkennen, daß die Plastik eine Steigerung in das Kolossale nicht weitertreiben durfte, ohne ihre Gestalten in das unnatürlich Große zu verzerren..."[179]

Die Verknüpfung zwischen Denkmal und Brunnen wurde ebenfalls negativ bewertet. Neumann führt aus, daß diese Verschmelzung den künstlerischen Wert eines Bauwerks nicht erhöhe, denn "...niemand kann zween Herren dienen, am allerwenigsten der Künstler bei der Verkörperung einer Idee, einer Persönlichkeit."[180] Auch Volkmann beklagt sich über zuviele Mischwerke zwischen Denkmal und Brunnen.[181] Er fordert, daß das Wasser bei der Planung eines Brunnens im Vordergrund stehen solle, sieht diese Forderung im 19.Jh. aber häufig nicht erfüllt. Als positives Beispiel für die künstlerische Einbeziehung des Wassers führt er den Wittelsbacherbrunnen an.[182]

Die Forderung Swarzenskis von 1921, "...im Sinne der besten Traditionen des deutschen Bürgertums sollte der Brunnen zugleich ein Werk von repräsentabler künstlerischer Bedeutung sein...",[183] ist bei den meisten Brunnen der Zeit erfüllt. Hier liegt wohl die Begründung der wechselnden Rezeption der Werke, die als Repräsentanten eben dieses Bürgertums mit dessen verschiedener Einschätzung aufs engste verbunden sind.

2.5 GESAMTWÜRDIGUNG

In der ganzen Zeit des Kaiserreiches, besonders aber in den achtziger und neunziger Jahren des 19.Jhs. kommt es zu einer Häufung von neuen Monumentalbrunnen. Für diese Entwicklung ist zunächst einmal die Einrichtung von städtischen Hauswasserleitungen verantwortlich, die dazu führt, daß auch kleinere Plätze, die früher von den notwendigen Nutzbrunnen okkupiert waren, mit Zierbrunnen ausgestattet werden konnten. Weiter steht die Häufung neuer Brunnen in Analogie zu einer steigenden Beliebtheit von Denkmälern aller Art.

Der Brunnen im Kaiserreich ist formal geprägt durch das Nebeneinander zweier Tendenzen: zum einen werden Renaissanceformen durchgehend rezipiert, zum anderen wird die Entwicklung vom Klassizismus zum Neobarock deutlich.

Die formale Darstellungsweise korrespondiert mit den Inhalten. "Ernste" Themen, wie die Darstellung historischer Persönlichkeiten, werden noch um die Jahrhundertwende statuarisch formuliert (18), während bei Allegorien, besonders bei Wasserallegorien (5,13,4,10), schon früh die Tendenz zu formaler Auflösung zu beobachten ist.

Eine Sonderform entwickelt sich im Obeliskenbrunnen: aus städtebaulichen Notwendigkeiten neu entstanden, leitet er die Verknüpfung zwischen Brunnen und Denkmal ein, eine Verknüpfung, in der der Brunnengedanke unterliegt.

3 KATALOG

3.1 BAMBERG - MAXIMILIANSBRUNNEN (1)

BAUGESCHICHTE

Der Gedanke, in Bamberg ein Denkmal für Maximilian I. zu errichten, stammt aus dem Jahre 1824, als der König sein 25jähriges Regierungsjubiläum feierte. Maximilian war der erste bayrische Herrscher in Bamberg, ihm zu Ehren wurde der Platz, auf dem der Brunnen später stehen sollte, Maximiliansplatz oder volkstümlich Maxplatz genannt. Erst fünfzig Jahre nach dem Jubiläum wandte sich die Stadt mit der Bitte um finanzielle Unterstützung für die Errichtung des Brunnens an die bayrische Staatsregierung. 1875 wurde ein Zuschuß gewährt, unter der Bedingung, daß die Stadt den restlichen Betrag selbst tragen werde. Die Stadt ging auf diesen Vorschlag ein.

Zum 1.5.1878 wurde ein Wettbewerb ausgeschrieben.[184] Die Wettbewerbsbedingungen schrieben vor, daß der Brunnen für 46 286 Mark fertiggestellt werden müsse, bezüglich des Programms "...soll der Geschichte Bambergs dadurch Rechnung getragen werden, daß als Hauptfigur das Standbild des Königs Max I von Bayern und diesem untergeordnet aber freistehend die Statuen der Kaiser Heinrich II und Conrad III, der Kaiserin Kunigunda und des heiligen Bischofs Otto - aus Kelheimer Kalkstein oder in Bronze - angebracht werden. Ein besonderer Stil für die architektonischen Teile ist nicht vorgesehen."[185]

Für die Konkurrenz werden 24 Gipsmodelle und sieben Zeichnungen eingereicht. Die Jury beurteilt den Entwurf des Bildhauers Ferdinand von Miller als den besten, die beiden nächstbesten Entwürfe der Bildhauer Heinrich Schwabe und Karl Schuler werden mit je 400 Mark prämiiert. Die "Kunstchronik" kritisiert an dem Entwurf von Millers die "spießbürgerliche Einfachheit"[186] des Maximilian-Postamentes, lobt jedoch die Einfügung von Gitterwerk zwischen den Eckfiguren.

Von Miller erhält den Auftrag, den Brunnen zu bauen. Er berichtet in seinen Erinnerungen, daß er den Entwurf, der unter dem Motto "Streben ist Leben" steht, für einen anderen Platz konzipiert hatte, für den Platz, auf dem der Neptunbrunnen, der sogenannte "Gabelmann", steht.[187] Daraus erklärt sich eine proportionale Unausgewogenheit zwischen Brunnen und Platz. Von Miller wird beauftragt, den Brunnen bis zum 1.5.1880 fertigzustellen.[188] Er setzt entgegen den ursprünglichen Vorstellungen des Stadtmagistrats durch, daß das Brunnenbassin,nicht aus Sandstein sondern aus Marmor hergestellt wird, wodurch sich die Kosten auf 55 000 Mark erhöhen.

Der Stadtmagistrat beschließt, den Brunnen nicht bereits im Mai, sondern erst Ende August einzuweihen, da dieser Termin mit dem 700jährigen Regierungsjubiläum des Hauses Wittelsbach zusammenfällt, so daß die Enthüllung in Anwesenheit des Prinzregenten Luitpold stattfinden kann. Am 26.8.1880 wird der Brunnen enthüllt.[189]

Von Miller berichtet, er habe die Geschichte des Brunnens auf Pergament geschrieben und dieses in das Gebetsbuch der Kunigunde-Figur gelegt.[190] Als das Gebetsbuch nach seinem Tode geöffnet wird, findet sich dort jedoch lediglich eine Urkunde über die Enthüllungsfeierlichkeiten.[191]

Einzelteile des Brunnens, wie Zepter, Schwert und Fahnenstange,wurden wiederholt abgebrochen und mußten erneuert werden.[192]

BESCHREIBUNG

H. über 8 m, Marmor, Bronze

Der Brunnen steht auf dem Maximiliansplatz, einem von zumeist dreistöckigen Häusern umgebenen rechteckigen Platz. Er ist, verglichen mit der Größe des Platzes, recht klein,

ein Mangel, der schon von Zeitgenossen empfunden wurde.[193]

Der Brunnen gehört formal in die Gruppe der Röhrenbrunnen. Auf seinem quadratischem Kern setzt eine überlebensgroße Bekrönungsfigur auf. Als Umfassung dient ein rundes Brunnenbecken, zu dem zwei flache Stufen hinaufführen. Am Becken sind vier vorspringende Podeste angebracht, die in der oberen Stufe fortgeführt werden. Auf den Podesten stehen vier etwa lebensgroße, vollplastische Figuren aus Bronze, die, entsprechend der Vorgabe in den Wettbewerbsbedingungen, Kaiser Heinrich II., Kaiserin Kunigunde, Bischof Otto und Kaiser Konrad III. darstellen (Abb.1).

Die Figur, die auf der rechten Seite der Bekrönungsfigur steht, stellt Kaiser Heinrich II. dar (Abb.1). Der Kaiser ist mit einem reichverzierten Gewand bekleidet und trägt eine Krone auf dem Kopf. In seiner linken Hand hält er ein Kirchenmodell, seine rechte umschließt die Reste eines Zepters.

In Blickrichtung der Bekrönungsfigur, auf der linken Seite, steht die Gemahlin Heinrichs, Kaiserin Kunigunde (Abb.2). Ihr Gewand ist etwas einfacher gehalten, auch sie trägt eine Krone. Ihr langes Haar fällt tief in den Rücken hinab. In ihrer linken Hand hält sie ein Gebetsbuch, der rechte Arm ist vorgestreckt, ihr Kopf ist leicht geneigt.

Die folgende Figur, rechts hinter der Bekrönungsstatue, stellt Bischof Otto dar (Abb. 2). Er ist im Bischofsornat dargestellt, in seiner linken Hand hält er den Bischofsstab, in der ausgestreckten rechten ein Kruzifix.

Die letzte Figur stellt Kaiser Konrad III. dar (Abb.1). Er ist mit Kettenhemd und Helm bekleidet. In der Linken hält er eine Fahne, deren Schaft abgebrochen ist. Die Haltung seiner rechten Hand ergibt sich dadurch, daß er in ihr ein Schwert getragen hatte, welches ebenfalls abgebrochen wurde.

Zwischen den Figuren ist auf dem Brunnenbecken ein reichverziertes Gitter angebracht.

Aus der Mitte des Beckens erhebt sich der quadratische Brunnenkern. An jeder seiner vier Seiten ist in einer muschelförmigen Einfassung eine Maske angebracht, die in ihrem Mund eine der vier Brunnenröhren hält. Die Röhren werden außerdem von unten durch ornamentierte Stäbe gestützt. Auf dem Sokkel erhebt sich die vollplastische überlebensgroße Bekrönungsfigur des Königs Maximilian I. (Abb. 2). Er ist mit einem langen Gewand bekleidet, der Kopf ist unbedeckt. Seine rechte Hand hält er im Segensgestus erhoben, die linke umfaßt eine Schriftrolle.

Das Wasser ergießt sich aus den vier Röhren in gleichmäßigen Strahlen in das Becken.

Der Sockel der Kunigunde-Figur trägt in kleinen Buchstaben die Inschrift: "modelliert und gegossen v. Miller München 1880".

IKONOGRAPHIE

Im Zentrum des ikonographischen Programms steht die Geschichte Bayerns, verbunden mit der Geschichte Bambergs. König Maximilian I. von Bayern, dem zu Ehren der Brunnen errichtet wurde und der als Bekrönungsfigur dargestellt ist, gab dem Land im Jahre 1818 eine Verfassung. 1802 war Bamberg unter bayrische Herrschaft gekommen. Als Geber der Verfassung ist der König hier dargestellt. In den Wettbewerbsbedingungen heißt es: "...welcher (der Brunnen) als Hauptfigur das Standbild des Königs Maximilian I. von Bayern, der erhabene Geber der Verfassung, unter dessen Regierung die Stadt Bamberg an die Krone Bayerns gelangte, zu erhalten hat."[194]
Der König auf dem Brunnen hält in seiner linken Hand die Verfassungsurkunde.

Die Figuren auf dem Beckenrand beziehen sich auf die Stadtgeschichte Bambergs. Heinrich II. (973 - 1024, 1146 heiliggesprochen) stiftete 1007 das Bistum Bamberg. Er errichtete den ersten Bau des Bamberger Doms, in dem er mit seiner Gemahlin Kunigunde beigesetzt ist. Der Kaiser hält ein Modell des ersten Doms in der Hand. Dieser Bau wurde 1081 durch einen Brand zerstört. Von Miller hatte den Bamberger Bürgermeister um eine Abbildung des Doms vor seiner Zerstörung gebeten.[195] Daraufhin erhielt er die Reproduktion einer Abbildung aus einem Pontifikal des Bischofs Gundekar von Eichstätt aus dem Jahre 1060, daß sich in der bischöflichen Seminarbibliothek zu Eichstätt befand.[196] Der Kaiser ist mit seinem Krönungsmantel bekleidet, der, ebenso wie der Mantel der Kaiserin, nach dem Original im Bamberger Domschatz wiedergegeben ist.[197]

Kaiserin Kunigunde (gestorben 1033 oder 1039), die Gemahlin Heinrichs II., wurde 1200 heiliggesprochen. Sie wird Almosen verteilend dargestellt, als Zeichen ihrer Frömmigkeit hält sie ein Gebetsbuch in der Hand. Das Original-Gebetsbuch, nach dem das Modell gearbeitet ist, wird in der Staatsbibliothek aufbewahrt.

Bischof Otto von Bamberg (1062 - 1139) christianisierte Pommern. Er wurde in Bamberg geboren und ist dort gestorben. Er wurde 1185 heiliggesprochen und ist in der Bamberger Michaelskirche beigesetzt. Als Arbeitsvorlage standen von Miller Zeichnungen des in der Michaelskirche aufbewahrten Meßgewandes zur Verfügung.[198] Anhand der Zeichnungen stellte von Miller fest, daß der Stoff des Gewandes aufgrund seines Musters nicht aus dem 12.Jh. sondern aus dem 15.Jh. stammen mußte, daß das als Reliquie verehrte Gewand also nicht echt sein konnte. Zur gleichen Zeit untersuchte sein Bruder, der Chemiker Wilhelm von Miller, das Gewand und fand heraus, daß ein später zum Schutz aufgelegter Stoff mit dem ursprünglichen Stoff, der tatsächlich aus dem 12.Jh. stammt, verklebt war.[199]

König Konrad III. (1093 - 1152) ist als Ritter dargestellt. Diese Darstellungsweise bezieht sich auf den von ihm unternommenen zweiten Kreuzzug (1147 - 1149). Konrad starb in

Bamberg und ist, wie das Kaiserpaar Heinrich und Kunigunde, im Bamberger Dom beigesetzt. Konrad III. hat, verglichen mit den übrigen dargestellten Personen, keine besonders intensive Beziehung zu Bamberg. Aus diesem Grunde war bereits vor Vertragsabschluß mit von Miller beschlossen worden, ihn durch eine Statue Friedrich Barbarossas zu ersetzen, der der Stadt Privilegien überreicht hatte.[200] Dieser Beschluß wurde dann doch nicht in die Tat umgesetzt.

Der Hauptfigur Maximilian kommt auch optisch die größte Bedeutung zu. Die Figur setzt als Bekrönung erst auf Kopfhöhe der anderen Figuren an. Sie ist in ihren Proportionen größer dargestellt als diese. Der die Stadt segnende Herrscher steht über der durch die Beckenfiguren symbolisierten Stadtgeschichte.

HERLEITUNG

Der Brunnen ist formal einheitlich im Renaissance-Stil gehalten. Stockbrunnen, deren Bekrönungsfigur auf einem Pfeiler oder auf einer Säule steht, waren in dieser Zeit in Deutschland geläufig.[201] Einige Brunnen wurden mit ornamentiertem Gitterwerk versehen.[202]

Ikonographisch lehnt sich der Brunnen jedoch auch barocken Vorstellungen an. Während in der Zeit der Renaissance auf Brunnen hauptsächlich Bürgertugenden verherrlicht wurden oder Stadtgemeinden ihre Eigenständigkeit durch Wappnerbrunnen zu manifestieren suchten,[203] wird hier der Herrscher als derjenige dargestellt, der die Stadt durch die Gabe der Verfassung segnet. Damit steht der Brunnen ikonographisch zwischen Brunnen, die die Tugenden einer guten und gerechten Herrschaft symbolisieren, wie der Providenziabrunnen in Wien von 1739 oder zahlreicher Neptunbrunnen einerseits und Brunnen, die durch die Darstellung historischer Persönlichkeiten auf die Geschichte der betreffenden Stadt hinweisen (Wappnerbrunnen) andererseits.

3.2 BERLIN - WRANGELBRUNNEN (2)

BAUGESCHICHTE

Die Baugeschichte des Wrangelbrunnens ist nicht mehr genau nachzuvollziehen. Es ist nicht bekannt, ob ein Wettbewerb stattgefunden hat. Der Brunnen ist entweder zum Andenken an Feldmarschall Wrangel[204] oder unter dessen Protektion entstanden.[205] Es ist unwahrscheinlich, daß der Brunnen zum Andenken an Wrangel gebaut wurde, da er schon in dessen Todesjahr 1877 enthüllt wurde. Es ist nicht richtig, daß der Brunnen erst 1878 fertiggestellt wurde, wie in "Die Bauwerke und Kunstdenkmäler von Berlin" behauptet wird,[206] da die "Kunstchronik" bereits 1877 über die Enthüllung berichtet.[207]

Der Brunnen wurde von Hugo Hagen, einem Schüler Rauchs, entworfen[208] und von Hermann Gladenbeck gegossen.[209] Sein ursprünglicher Aufstellungsort war der Kemperplatz. 1902 wurde er dort durch den Rolandbrunnen ersetzt und in die Grünanlagen in der Grimmstraße verlagert.[210]

BESCHREIBUNG

H. ca. 7 m, Ø ca. 6 m (Becken), Granit, Bronze

In den ursprünglichen Standort des Brunnens, den Kemperplatz, mündeten vier Hauptverkehrsstraßen. Heute steht der Brunnen in Grünanlagen, was der ungestörten Betrachtungsmöglichkeit zugute kommt. Der Brunnen ist zweischalig aufgebaut und steht in einem flachen Umfassungsbecken. Den Sockeln, sowohl der unteren als auch der oberen Schale, sind je vier plastische Figuren appliziert (Abb.3).

Das Umfassungsbecken ist kreisrund und aus Granit gearbeitet. In seiner Mitte setzt der Brunnenkern auf. Der Aufbau ist in seiner Grundform ebenfalls rund, aus der unteren Ebene springen jedoch vier rechteckige Sockel hervor. Um den Schaft der unteren Schale sind vier Figuren gruppiert, die auf den

Sockeln sitzen. Die einzige männliche Figur ist mit Weinlaub bekränzt und hält ein Schwert in seiner rechten Hand (Abb. 4). Eine Frau ist mit einer Art Schilf bekränzt, das sich um ein Tuch windet. In der Hand hält sie ein Weberschiffchen, neben ihr liegt ein Raddampfer, auf dessen Radkasten die Aufschrift "Königin Elisabeth"zu lesen ist (Abb. 5). Es folgt eine mit Ähren bekränzte Frau, die das Modell einer Brücke trägt (Abb. 6). Als letzte Figur ist eine Frau dargestellt, die mit Blumen bekränzt ist. Diese hält ein Ruder mit verziertem Blatt in der rechten Hand, ihre linke ruht auf einem Schriftband ohne Inschrift (Abb. 7). Zwischen allen Figuren liegt je eine umgekippte Amphore auf einem durch Blätter angedeuteten Untergrund.

Über der ersten Schale setzt sich der Schaft fort. Wieder sind vier Figuren um ihn gruppiert, doch sind sie wesentlich kleiner und stehend dargestellt. Sie befinden sich genau über den unter ihnen sitzenden. Es handelt sich um vier Knaben. Der Knabe über dem Mann mit dem Schwert trägt einen Schild in der Hand, der nächste hält einen Caduceus. Die Figur über der Frau mit dem Brückenmodell trägt eine Lyra und eine Schriftrolle. Der letzte Knabe hält eine Sichel und eine Ähre in Händen. Über den Köpfen der Knaben setzt die zweite bronzene Schale auf. Sie wird durch einen kleinen Pinienzapfen bekrönt.

Auf dem Rand unter den sitzenden Figuren befindet sich eine einfach gehaltene Inschrift mit dem Wortlaut "modelliert v. H. Hagen, gegossen v. H. Gladenbeck".

Das Wasser wird aus dem Pinienzapfen in einer kleinen Fontäne in die Höhe gespritzt, von wo es in die obere Schale fällt. Von dieser fließt es über den Rand in die untere Schale und wieder über den Rand in das Umfassungsbecken. Daneben läuft aus den Amphoren Wasser in das Becken.

IKONOGRAPHIE

Die sitzenden Figuren am unteren Sockel stellen die vier preußischen Ströme Rhein, Oder, Weichsel und Elbe dar. Der Rhein ist als einziger als Mann dargestellt. Bekränzt mit Weinlaub entspricht er dem "Vater-Rhein"-Typus.[211] Zu der Frau mit dem Raddampfer und dem Weberschiffchen gibt es verschiedene Deutungen. Die"Kunstchronik"schreibt: "... die Oder hat ein Dampfboot zur Seite und ein Weberschiffchen, um anzudeuten, daß an ihrem oberen Lauf die Textilindustrie blühe und ihr unterer Teil von Dampfern befahren werde..."[212] Diese Ansicht wird auch von Bloch übernommen.[213] Eine andere Beschreibung spricht die "Königin Elisabeth" der Elbe zu.[214] Das Weberschiffchen und dessen Deutung in der Kunstchronik, die auf die Textilindustrie hinweist, spricht dafür, daß es sich um die Oder handelt. Auch auf dem Neptunbrunnen beziehen sich die Attribute der Oder (Ziege und Schaffell) auf die Textilindustrie.[215] Bei Darstellungen der Elbe finden sich solche Hinweise nicht.

Das Attribut der nächsten Figur wird übereinstimmend als Dirschauer Brücke identifiziert, womit die Figur selbst die Weichsel symbolisiert, an deren Unterlauf die Stadt Dirschau liegt. Die letzte Figur personifiziert die Elbe, als Attribut ist ihr ein Ruder als Symbol der Schiffahrt beigegeben.

Die Knaben auf der zweiten Ebene sind Genien der Wehrkraft, des Handels, der Kunst und der Landwirtschaft. Die Wehrkraft ist über dem Rhein angeordnet, der Handel über der Oder, die Kunst über der Weichsel und die Landwirtschaft über der Elbe. Im Zusammenhang mit dieser Anordnung fällt besonders die Zuordnung der Wehrkraft zu Vater Rhein ins Auge. Der Rhein hat neben seinem üblichen Kranz aus Weinlaub als hervorstechendes Attribut ein Schwert in der Hand. Dieser Bewaffnung des Flusses entspricht die Darstellung der Wehrkraft. Der Knabe trägt den zum Schwert gehörenden Schild. Ist diese Häufung kriegerischer Elemente um die Personifikation des Rheines noch eine Anspielung auf den - reichseinigenden - deutsch-französischen Krieg von 1870/71 ?

Eine national ausgerichtete Bedeutung kommt dem Brunnen in jedem Fall zu. Die Darstellung der vier Ströme bezeichnet die Ausdehnung des neu entstandenen Reiches, die Genien die Gebiete, die in seiner Wertskala an oberer Stelle stehen. Der Pinienzapfen, der die höchste Bekrönung bildet, verkörpert das religiöse Element. Das Wasser wird folgerichtig aus dem Pinienzapfen als Symbol des Lebensbrunnens[216] gespendet und von den Flüssen, die ihre Amphoren in das Becken leeren.

HERLEITUNG

Der Brunnen knüpft formal an italienische Gartenbrunnen der Renaissance an. Die harmonischen Proportionen des für einen repräsentativen Platz recht klein gehaltenen Brunnens lassen an Zierbrunnenformen denken.

Ikonographisch steht der Brunnen mit der Darstellung von vier Strömen, die ein Herrschaftsgebiet oder eine Stadt symbolisieren, in einer Tradition, die ihren Anfang in der Spätrenaissance nimmt. 1594 nimmt der Augsburger Augustusbrunnen[217] dieses Thema auf. Durch die Verknüpfung des Vier-Ströme-Themas mit einem Obelisken erreicht diese Darstellungsform in Berninis Vier-Ströme-Brunnen von 1651 einen ikonographischen Höhepunkt.[218] In Rom sind die Personifikationen von Nil, Ganges, Donau und Rio della Plata um den Brunnenkern gruppiert, die christliche Symbolik wird durch den gewaltigen Obelisken vertreten. Der Obelisk hebt das religiöse Element offensichtlicher hervor als der kleine Pinienzapfen des Wrangelbrunnens.

1739 werden vier Ströme von Raphael Donner auf dem Providenziabrunnen in Wien dargestellt.[219] Das jüngste Beispiel stammt ebenfalls aus Wien. 1844 entstand der Austria-Brunnen von Schwanthaler mit der Personifikation der habsburgischen Hauptströme Donau, Po, Weichsel und Elbe.[220] Dreißig Jahre später nimmt das Deutsche Reich im Wrangelbrunnen zwei dieser Ströme, Weichsel und Elbe, zum selben Zweck für sich in Anspruch. Etwa zehn Jahre nach Einweihung des Wrangelbrunnens wird das gleiche Sujet von Begas für seinen Neptunbrunnen, ebenfalls in Berlin, wieder aufgegriffen.

3.3 BERLIN - NEPTUNBRUNNEN (3)

BAUGESCHICHTE

Der Gedanke, den Platz vor dem Berliner Schloß mit einem Monumentalbrunnen zu schmücken, geht bereits auf das Jahr 1814 zurück. Karl Friedrich von Schinkel erhielt in diesem Jahr von einer Korporation von Ständen den Auftrag, einen Brunnen zum Gedenken an die Befreiungskriege zu entwerfen. Zur Ausführung dieses Projektes ist es jedoch nie gekommen.[221] Auch nach dem Krieg 1870/71 sollte auf dem Schloßplatz ein Brunnen zum Andenken an den Sieg errichtet werden, ein Plan, der ebenfalls nicht ausgeführt wurde.[222]

Die ersten Arbeiten für den heutigen Brunnen von Reinhold Begas datieren aus dem Jahre 1880, als Standort war damals der Dönhoffsplatz vorgesehen.[223] 1888 beschließt der Magistrat der Stadt Berlin, den Brunnen Kaiser Wilhelm II. als Huldigungsgeschenk darzubringen. Als Aufstellungsort wird jetzt der Schloßplatz gewählt. Innerhalb dreier Jahre wird der Brunnen fertiggestellt und am 1. November 1891 in Gegenwart des Kaisers enthüllt.[224] Anläßlich der Enthüllung wird von der Zeitschrift "Kunst für Alle" die Beeinträchtigung des Brunnens durch die Größe des Schlosses beklagt,[225] die den Brunnen zu klein erscheinen läßt. Die "Kunstchronik" sieht den Brunnen und die Schloßfassade in Einklang und findet den Platz für die Aufstellung besonders geeignet.[226] Der neue Brunnen wird in der Fachpresse stark beachtet, allein zur Enthüllung erscheinen zwei längere Artikel[227] und zahlreichekürzere Erwähnungen, die das Werk generell mit großem Wohlwollen aufnehmen.[228]

Der Brunnen wurde nach einer Restaurierung 1969 in Ost-Berlin zwischen Rathaus und Marienkirche neu aufgestellt.

BESCHREIBUNG

H. 10 m, Ø ca. 16 m (Becken), Granit, Bronze

Während der Brunnen ursprünglich auf dem Schloßplatz neben dem Schloß aufgestellt war, steht er heute auf dem Platz Ecke Rathaus- und Spandauerstraße. Der Platz ist modern ausgestaltet und bis auf Rathaus und Marienkirche von neuen Hochhäusern umgeben, was die Wirkung des Brunnens beeinträchtigt (Abb.). Der Schloßfassade war der Brunnen insoweit angepaßt, als er deren massige Wirkung milderte.[229]

Der Brunnen besteht aus einem Umfassungsbecken, aus dessen Mitte ein gewaltiger Felsblock emporwächst. Der Fels gipfelt in zwei Muschelschalen, auf denen die Figur des Neptun sitzt. Dem Felsen sind zahlreiche kleinere Figuren appliziert. Vier monumentale Figuren befinden sich auf dem Beckenrand.

Drei flache Stufen führen zu dem vierpaßförmigen Umfassungsbecken. Auf dessen Brüstung lagern vier überlebensgroße weibliche Figuren mit verschiedenen Attributen. Die üppigen Gestalten sind kaum bekleidet. Die eine hält Weinlaub und Fischernetze im Schoß und trägt eine Kette um den Hals (Abb. 10), die nächste sitzt neben einigen Holzscheiten (Abb. 11). Eine weitere ist mit einem Fell bekleidet und hält eine Ziege neben sich (Abb. 12). Die letzte Figur hat ein Tuch um den Kopf geschlungen und trägt Früchte, Ähren und Sichel in der Hand (Abb. 13). Neben jeder Figur liegt eine Amphore. Im Becken sitzen auf kleinen Felsen ein Krokodil, ein Delphin, eine Schildkröte und eine Seeschlange.

In der Mitte des Bassins türmen sich die Felsmassen zu

einem Block, auf dem vier Tritonen zwei flache Muschelschalen von unten stützen. Zwischen den Schalen sitzt in lässiger Haltung Neptun (Abb. 9). Mit seinem rechten Fuß stützt er sich auf den Felsen, der linke Fuß ruht in einer der Schalen. Seinen rechten Arm stützt er in die Hüfte, mit dem linken hält er einen mit Tang behängten Dreizack. Mehrere kleine Putten und Seetiere (Fische, Hummer, Schildkröte) tummeln sich auf Felsen und Muscheln.

Das Wasser wird von verschiedenen Seiten dem Becken zugeleitet. Es läuft zunächst aus den Amphoren zwischen den Frauen, außerdem gießen von oben zwei Putten Wasser in die Muschelschalen, von wo es in dünnen Strahlen in das Bassin fällt. Dann sprühen die Tiere im Bassin Wasser gegen den Felsblock, das an diesem herab zurück in das Becken rieselt.

IKONOGRAPHIE

Zunächst ist die namengebende Hauptperson des Brunnens, der Neptun, ikonographisch von Bedeutung. Weiter sollen die vier am Beckenrand lagernden Figuren betrachtet werden, um schließlich der Symbolik des Brunnens, in seiner Kombination von Bekrönungsfigur und Randfiguren, näherzukommen.

Ausgehend von Vergils "Quos Ego" steht Neptun ikonographisch für den Herrscher, der in der Lage ist, die stürmischen Wogen des Staates zu besänftigen.[230] Möglicherweise können hier zusätzlich Bezüge zu der Flottenpolitik Wilhelms II. gesehen werden. Auch der Neptunbrunnen in Florenz von Ammanati stand in Beziehung zu dem Wunsch Cosimos I., eine leistungsstarke Flotte aufzubauen, um die Vormachtstellung von Florenz zu sichern. Kurze Zeit nach der Vollendung des Berliner Brunnens begann Wilhelm II. mit seiner Flottenpolitik. Das Interesse, das er sogleich nach seiner Thronbesteigung an dem Modell des Brunnens zeigte,[231] mag mit dem Gedanken zusammenhängen, in dem Neptun nicht nur eine allgemeine

Herrscherallegorie, sondern auch eine Symbolisierung der Seeherrschaft zu sehen.

Die Figuren auf dem Beckenrand personifizieren die preußischen Hauptströme Rhein, Weichsel, Elbe und Oder. Ihre Attribute beziehen sich auf den natürlichen Reichtum der Gebiete, die an den Ufern dieser Flüsse liegen: Weinbau und Fischfang am Rhein, Wälder an der Weichsel, Wollwirtschaft an der Oder und Landwirtschaft an der Elbe.[232] Die Darstellung der vier Flüsse bezieht sich, ausgehend von der Symbolisierung der vier Erdteile, auf die Ausdehnung eines Herrschaftsgebietes.[233] Die ikonographische Kombination aus einer Bekrönungsfigur, die einen Herrscher darstellt oder symbolisiert,und vier Beckenfiguren ist schon durch den Augsburger Augustusbrunnen[234] und den Wiener Providenziabrunnen[235] vorgegeben. In Augsburg steht Augustus selbst als Bekrönungsfigur, in Wien symbolisiert die Providentia die umsichtige, vorausschauende Herrschaft.

Hier stehen die Personifikationen der vier Ströme - Rhein, Weichsel, Elbe und Oder - für die räumliche Ausdehnung des Deutschen Reiches, Neptun steht für dessen Kaiser.

HERLEITUNG

Der Neptunbrunnen wurde von Begas "in Erinnerung an die römischen Tage" entworfen.[236] Römische Barockbrunnen bestimmen die Grundzüge des Werkes. Die Herleitung des Muschelthrones von Berninis Tritonenbrunnen auf der Piazza Barberini fällt ins Auge. Auch dort werden zwei Muscheln (von Delphinen) in die Höhe gehoben. In der Mitte der Muscheln hat ein gewaltiger Triton seinen Platz.[237]

Auf die Geläufigkeit von Neptundarstellungen in Brunnenanlagen wurde bereits hingewiesen. Die naturalistische Gestaltung des Felsgesteins findet sich im Vierströmebrunnen[238] und in der Fontana di Trevi.[239] Bei dieser ist, wie in Berlin, der Felsen von Meerestieren bevölkert. Auch Inhalte beider Brunnen fließen in Berlin mit ein. Auf der Fontana di Trevi ziehen Tritonen Neptun in einem Muschelwagen. Die Ikonographie des Vierströmebrunnens wird in Berlin wieder aufgegriffen, der Berliner Brunnen weist vergleichbare Inhalte politischer Natur auf.

3.4 BREMEN - TEICHMANNBRUNNEN (4)

BAUGESCHICHTE

Der Bremer Bürger Gustav Teichmann hatte der Stadt eine Geldsumme hinterlassen, von der auf dem Domshof ein monumentaler Brunnen errichtet werden sollte. Ende 1894 fand ein Wettbewerb statt, zu dem die Entwürfe bis zum 3.1.1895 vorliegen mußten. Es gingen 104 Arbeiten ein, von denen elf in die engere Wahl kamen. Der erste Preis fiel an Rudolf Maison für den Entwurf "Phantasie", der zweite an J.G.Poppe und R. Bärwald für "Aus eigener Kraft" und der dritte an H.Schneider für "Drei Gläser mit Schlüssel". Maison wird mit der Ausführung seines Entwurfes beauftragt, obwohl eine Auftragsvergabe an den Sieger der Konkurrenz in den Wettbewerbsbedingungen nicht ausdrücklich vorgesehen war.[240]

Zur Enthüllung des Brunnens am 15.11.1899 werden Ungebundenheit und Naturalismus der Ausführung gelobt.[241] Dagegen bestehen von Anfang an Bedenken gegen den Aufstellungsort auf dem Domshof, zu dessen strenger Gliederung der Brunnen in Kontrast steht.[242] Die Aufstellung wird in den folgenden Jahren weiter diskutiert. 1904 wird erwogen, den Brunnen in eine landschaftliche Umgebung zu verlegen,[243] ein Gedanke, zu dessen Ausführung es jedoch nie gekommen ist.

Bis 1944 bleibt der Brunnen auf dem Domshof stehen. Gegen Ende des Krieges wird er, wie auch andere Bronzebrunnen, zur Herstellung von Kriegsmaterial eingeschmolzen.[244]

BESCHREIBUNG

H. ca. 6 m, Bronze

Der Teichmannbrunnen stand auf der Nord-Ost-Seite des Bremer Domshofes, eines Platzes, dessen rechteckige Grundform durch den schräg ausgerichteten Dom unterbrochen wird. Da der Platz inzwischen umgestaltet ist, sei auf den Lageplan in der Wettbewerbsausschreibung verwiesen.[245]
Der für den Brunnen vorgesehene Platz ist durch eine halbkreisförmige, gestrichelte Linie angegeben. Der Brunnen muß tatsächlich an dieser Stelle gestanden haben, wie sich aus seiner Ausrichtung auf Dom und Rathaus ergibt (Abb. 15). Der Platz war auf allen Seiten von Gebäuden umgeben.

Der Brunnen bestand aus einer freistehenden, plastischen Gruppe, die bis auf ein Umfassungsbecken auf jeden architektonischen Unterbau verzichtet (Abb.15). Auf einem Sockel aus vereinzelten Felsblöcken zieht ein Kentaur ein Boot durch das Wasser. Das Boot ist zur Seite und nach hinten geneigt, so daß der Eindruck einer schweren See entsteht. Auf der Spitze des Bootes erhebt sich wie eine Bekrönung eine Merkurstatue.

Das rechteckige Umfassungsbecken ist mit einzelnen Felsstükken durchsetzt, die sich zur Mitte hin zu einem Felsblock verdichten. Auf diesem setzt die plastische Gruppe auf. Der Block ist mit Seegetier bevölkert, zu erkennen sind Hai und Polyp. Auf dem Block erhebt sich der Kentaur, der das Boot auf dem Rücken trägt und an einem Tauring hält, um es über die Felsen zu ziehen. Auf der anderen Seite taucht eine Nixe aus dem Wasser auf und klammert sich an den Bootsrand. Das Boot ist zu ihr geneigt, als ob sie es herabzuziehen versuchte (Abb. 14).

Im Heck des Bootes sitzt ein Seemann, dessen Kopf mit einem Südwester bedeckt ist. Er hält ein langes Ruder in beiden Händen, mit dem er nach hinten gegen einen Felsen stößt, um die Neigung des Bootes auszugleichen und dem Zug der Nixe entgegenzuwirken. Vor ihm stapeln sich Waren, die mit Seilen zusammengebunden sind, darunter ein Faß. Auf dem Stapel steht ein geflügelter Merkur, der weit über den geschweiften Schiffsbug hinauslehnt. Sein linker Fuß setzt mit der Spitze auf dem Warenstapel auf, sein rechtes Bein ist nach hinten abgewinkelt. Die Figur hält ihre Arme gerade ausgestreckt, den einen nach vorne, den anderen gesenkt nach hinten. In der erhobenen rechten Hand trägt sie einen blühenden Zweig, in der linken ein kleines Bündel (Abb.14).

An der linken Bugwand ist das Boot mit dem Namenszug "Teichmann" versehen (Abb.14).

Das Wasser füllte einerseits das Umfassungsbecken, andererseits wurden Wasserfontänen zwischen den Felsen nach oben gesprüht, zum Teil mit einer solchen Kraft, daß Boot und Figuren bis zur Höhe des Seemanns von einem Wasserschleier verdeckt wurden (Abb.15).

IKONOGRAPHIE

Der Brunnen stellt die Gefahren und Erfolge des Seehandels allegorisch dar. Das Thema ist für eine Handelsstadt geläufig - auch bei dem Hamburger Hygieiabrunnen (9) sollte in der ursprünglichen Fassung Merkur die Bekrönung bilden, bevor er durch die Hygieiastatue ersetzt wurde.[246]

Merkur steht hier als Gott des Handels und Verkehrs, was seiner Bedeutung in der römischen Mythologie entspricht. Die Inanspruchnahme des Götterboten Hermes durch die Kaufleute leitet sich von dem Ansichnehmen eines glücklichen Fundes (hérmaion) her, das in den Bereich des griechischen Gottes fiel - auch die Diebe haben aus diesem Grund denselben Schutzgott.[247] Der blühende Zweig und der prallgefüllte Beutel weisen auf Handelserfolge.

Der Kentaur und der Seemann bemühen sich, das Boot mit seiner Ladung, dem Warenstapel, sicher durch das schäumende

Wasser zu lenken, während die Nixe es umkippen will. Die Sicherheit des Bootes wird durch Merkur gewährleistet, der sich als Schutzgott über das Boot erhebt. Er scheint gleichsam zu schweben, das Wasser erreicht ihn nicht mehr. Als Sieger steigt er aus dem Chaos empor.

Diese Form der allegorischen Auffassung scheint auf wohlwollende Anerkennung gestoßen zu sein. Maison hat ein leicht abgewandeltes Modell seines Brunnens aus Silber für den "Norddeutschen Lloyd" geschaffen.[248]

HERLEITUNG

Maison ersetzt den architektonischen Aufbau des Brunnens durch Plastik. Das Boot steht im Mittelpunkt seiner Komposition. Die formale Ungebundenheit sowie die Verwendung des Bootes als Hauptelement knüpft an Pietro Berninis "La Barracia" an der Spanischen Treppe an (1629).[249] Bernini ersetzt die Brunnenschale durch ein in den Boden eingelassenes Kriegsschiff. Die Verwandtschaft zu Berninis Vierströmebrunnen, auf die in der zeitgenössischen Literatur hingewiesen wird,[250] zeigt sich lediglich in der Verwendung von Felsgestein für den Unterbau.

Für die Tradition des Merkurbrunnens sei auf den Medici-Merkur von Giovanni Bologna verwiesen, für den Teichmannbrunnen besonders auf die zweite Fassung von ca. 1570 (mit Caduceus).[251]

3.5 DRESDEN - "STILLES WASSER" (5a), "STÜRMISCHE WOGEN" (5b)

BAUGESCHICHTE

Im Jahre 1875 wurden in den Grünanlagen am Albertplatz (heute: Platz der Einheit) zwei große Wasserbecken angelegt. Der Bildhauer Robert Diez soll schon damals die Idee gehabt haben, die Becken mit plastisch ausgebildeten Brunnenaufsätzen zu schmücken.[252] Am 20.11.1879 schreibt der Dresdner Stadtrat einen Wettbewerb für die Brunnen aus, die aus Mitteln der Dr.-Güntz-Stiftung errichtet werden sollen. Es gehen zwanzig Entwürfe ein, die Mitte 1880 öffentlich ausgestellt werden. Die drei Preise erhalten die Entwürfe: "Jahreszeiten und Lebensalter" von Werner Stein, "Klar Wasser und Trüb Wasser" von Diez und "Elbe und Stadt" von Giese und Weidner.[253] Der Entwurf von Diez wird besonders zur Ausführung empfohlen, er soll jedoch noch vereinfacht werden.[254] Erst Weihnachten 1883 erhält Diez den Auftrag, seine umgearbeiteten Entwürfe, die inzwischen unter dem Motto "Stilles Wasser und Stürmische Wogen" stehen, auszuführen.[255]

Bis zur Enthüllung der Brunnen vergehen über zehn Jahre. 1888 ist das Gipsmodell für den ersten Brunnen, "Stilles Wasser", vollendet,[256] der 1890 in der Erzgießerei Albert Bierling in Dresden gegossen wird.[257] Das Modell für den zweiten Brunnen ist Mitte April 1893 fertig. Eine ausführliche Beschreibung und Würdigung findet sich in der Zeitschrift "Die Kunst für Alle". Dort heißt es u.a.: "Diez hat hierin den herrlichsten großartigsten Brunnen geschaffen, der in Deutschland existiert." Dem ersten Brunnen wird "uneingeschränktes Lob" gespendet, der zweite als "ein Werk, welches als Markstein in der Geschichte der Plastik dastehen wird" bezeichnet.[258]

Am 1.9.1894 werden beide Brunnen enthüllt. Die Fertigstellung hat statt der in der Ausschreibung vorgesehenen Summe von maximal 80 000 Mark schließlich 325 000 Mark verschlungen, der Stadtrat als Verwalter der Dr.-Güntz-Stiftung soll dieser Steigerung um mehr als das Vierfache ohne Vorbehalte zugestimmt haben.[259]

Anläßlich der Enthüllung werden die Brunnen in der zeitgenössischen Fachpresse überschwenglich gelobt. Hier seien einige der Äußerungen angeführt: "Mit diesen Brunnen ist Dresden um zwei Kunstwerke bereichert worden, welche lautes Zeugnis ablegen für den Abschluss der Periode künstlerischer Stagnation, in der das sächsische Elbflorenz ungeachtet seiner grossen künstlerischen Vergangenheit lange Zeit gefangen lag."[260] "... wenn wir auch die von Dresdner Kritikern wiederholt ausgesprochene Versicherung, dass keine deutsche Stadt so herrliche Brunnen wie diese besitze, nicht zu unterschreiben vermögen...und billig genug denken, um auch dem Leipziger Mendebrunnen und dem neuen Berliner Schloßbrunnen ihr Recht widerfahren zu lassen, so stimmen wir doch allen denen bereitwilligst zu, welche die beiden Dresdner Brunnen als höchst bedeutende Leistungen anerkennen."[261] "Diez hat mit diesen Brunnenskulpturen der anmutigen Elbestadt den schönsten Schmuck verliehen, dessen sie sich aus jüngster Zeit rühmen kann."[262] "...die beiden herrlichen Monumentalbrunnen, die kürzlich in Dresden enthüllt worden sind, haben bestätigt, daß man sich mit Recht großer Dinge von Robert Dies versah, daß er in der That berufen ist, den Ruhm der Dresdner Bildhauerschule neu zu beleben und zu mehren."[263]

1945 wurde der Brunnen "Stürmische Wogen" bei dem Angriff auf Dresden zerstört. Seinen Platz nimmt heute ein Kriegerdenkmal ein.

BESCHREIBUNG

H. 5 m, Ø 18 m (äußeres Becken), Granit, Bronze

Die beiden Schalenbrunnen standen in einer von Gründerzeit-Häusern umgebenen Grünanlage. Die Brunnen waren, bis auf den

Figurenschmuck um den Sockel, identisch aufgebaut (Abb.16 und 18). Aus der Mitte zweier ineinandergelagerter runder Granitbecken wuchs eine von einem Sockel getragene Bronzeschale. Um den Sockel gruppieren sich je elf große und mehrere kleine plastische Figuren. Die Unterseiten der Bronzeschalen waren ornamental ausgeschmückt, die Umfassungsbecken einfach und schmucklos gestaltet.

"Stilles Wasser" (5a)

Die Figuren des Brunnens "Stilles Wasser" stellen spielende und musizierende Meerjungfrauen und Putten dar. Die einzelnen Figuren sind den Sockel umlaufend angeordnet. Eine musizierende Nixe bildet die Anführerin (Abb.16), da sie ihren Blick aus dem Kreis nach außen schweifen läßt und nicht, wie die anderen, mit folgenden oder vorangehenden Figuren in Interaktion steht. Sie hat lange, wehende Haare und spielt auf einer Leier. Hinter ihr lagert, halb sitzend und halb liegend, eine Frau, die früher einen Lilienzweig in der rechten Hand hielt.[264] Sie und die Nixe wenden sich den Rücken zu. Die Frau mit der Lilie bildet durch Blickkontakt eine Gruppe mit einer weiteren Frau, die, am Sockelrand kniend, ein Kind in die Höhe hält. Hinter der knienden Frau kauert ein kleiner Junge, der ins Weite schaut (Abb.17). Dem Jungen folgt eine Nixe mit Schleier, die einer weiteren, am Boden liegenden Nixe die Hände reicht. Über dieser schwebt ein geflügelter Putto. Als letzte Gruppe lagert eine traumversunkene Frau am Boden, an ihrem Knie lehnt ein schlafender Knabe (Abb.18). Die Frau wird von einem geflügelten Putto umarmt.

Der Boden des ganzen Sockels ist mit kleinen Meerestieren bedeckt, die den Eindruck vermitteln, daß sich die Szene auf dem Meeresboden abspielt.

"Stürmische Wogen" (5b)

Die plastische Gruppe, die sich um den Sockel des Brunnens "Stürmische Wogen" gruppiert, setzt sich aus stark bewegten Figuren zusammen. Sie wird angeführt von einem Mann, der auf einem wilden Pferd aus dem Kreis ins Weite zu streben scheint (Abb. 20). Der Mann trägt einen Muschelhelm auf dem Kopf, unter dem Schlangenhaare hervorquellen. Um seinen rechten Arm ist eine Schlange gewunden. Die Beine des Pferdes enden in Krallen mit Schwimmhäuten, es hat einen langen Drachenschwanz. Pferd und Reiter liegen beinahe waagerecht, der Mann treibt das Pferd an, indem er die Schlange als Peitsche gebraucht. Die Gruppe begräbt unter sich einen Mann mit Fischschwanz und einen kleinen Jungen, der von einem Polypen umschlungen wird. Davor kauert ein weiterer Junge ängstlich am Boden (Abb.19). Der Gruppe folgt ein bärtiger Mann, der mit einer riesigen Muschel zum Wurf ansetzt (Abb. 20). Hinter ihm kämpfen ein alter, kahlköpfiger Fischmensch und sein Gegner um einen schönen Jüngling. Den letzten Teil der Gruppe bildet ein Mann, der gerade einen riesigen Wels mit einer spitzen Muschel erstechen will (Abb.19). Der Boden ist mit Meerestieren bedeckt.

Das Wasser steigt bei beiden Brunnen in einer hohen Fontäne aus der Bronzeschale empor, um dann in diese zurückzufallen. Das Wasser fällt dann über den Rand in das obere Umfassungsbecken, wobei es einen Schleier über den Figuren bildet. Aus dem äußeren Becken wird es aus 56 Öffnungen[265] in das innere Becken gesprüht.

IKONOGRAPHIE

Die Figurengruppen der beiden Brunnen versinnbildlichen das Verhalten des Wassers bei ruhigem und bei stürmischem Wetter. Die den Boden bedeckenden Pflanzen und Meerestiere deuten an, daß sich die Szenen auf dem Meeresgrund abspielen.

Die verschiedenen Eigenschaften des Wassers werden durch zwei Gegensätze hervorgehoben: männlich - weiblich und bebewegt - ruhig. Die weiblichen Figuren des Brunnens "Stilles Wasser" gehen ruhigen Beschäftigungen nach, die die Empfindung von Schönheit und Harmonie hervorrufen sollen: die erste Nixe singt als Lorelei zur Leier und verkörpert so die Musik. Die zweite Gruppe spielt mit einem Kind, sie mag, durch Kind und Lilie gekennzeichnet, als Symbol der Unschuld gemeint sein. Die beiden Nixen reichen sich die Hände zum Tanz, es folgt der Traum. Diese letzte Gruppe wird auch als Wasserrose gedeutet, die von Schmetterling und Libelle umflattert wird.[266]

Der Brunnen "Stürmische Wogen" arbeitet mit ganz anderen Mitteln. Hier herrschen Kampf und Aufruhr, die Starken werfen die Schwachen nieder. Der Reiter ist durch seine Haube als Verkörperung des Sturmes gekennzeichnet, mit seinem Meeresroß walzt er nieder, was sich ihm in den Weg stellt. Der ihm folgende kraftstrotzende Triton verkörpert die tosende, zerstörerische Woge. Die Gruppe mit dem Jüngling soll den Kampf um den Seestern symbolisieren, der von wilden Wellen hin und her geworfen und schließlich in die Tiefe gezogen wird.[267] Auch die letzte Gruppe ist als Kampf der verschiedenen Meeresbewohner untereinander aufzufassen.

Der Gedanke an das Wasser steht bei den Dresdner Brunnen im Vordergrund. Dem Element wird auch durch die für die Entstehungszeit üppige Wasserführung[268] Rechnung getragen. Gedanklich mag auch die Metaphorik "Friede - Krieg" in das Programm Eingang gefunden haben, die Darstellung des Staatswesens durch eine Wasserallegorie ist ikonographisch geläufig (Staatsschiff, Quos Ego).

HERLEITUNG

Die beiden Brunnen weisen im Gesamtaufbau eine gewisse Verwandtschaft zu den beiden Brunnen auf dem Petersplatz in

Rom auf,[269] wenn man deren Pilzaufsätze außer Acht läßt. Die Proportionen der Brunnen ähneln sich in ihrer gedrungenen Höhe bei gleichzeitiger großer Breite der Umfassungsbecken. Der Schmuck wird hier wie dort um den Sockel angeordnet, er wird von herabfallenden Wassermassen verschleiert. Bei den römischen Brunnen sind die Sockel durch Reliefs mit Darstellungen von Papstinsignien geschmückt, wodurch die ikonographische Aussage natürlich eine andere ist.

In formaler Hinsicht mag jedoch eine Anknüpfung stattgefunden haben. Die Aufgabe, zwei Becken mit Aufsätzen zu versehen, wird für das ikonographische Programm durchaus reizvoll gewesen sein - auch die Titel anderer Konkurrenzentwürfe weisen mögliche Begriffspaare auf[270] -,formal war sie möglicherweise problematischer. Da Monumentalbrunnen nur selten als Pendants konzipiert wurden, kann von bereits vorhandenen Doppelbrunnen ein Vorbildcharakter ausgegangen sein.[271]

3.6 ERFURT - MONUMENTALBRUNNEN (6)

BAUGESCHICHTE

Verhandlungen über des Bau eines monumentalen Brunnens auf dem Anger gehen bereits in das Jahr 1880 zurück.[272] Der Anlaß, den Brunnen zu errichten, liegt in der Vollendung der städtischen Wasserversorgung, Initiator ist der Verschönerungsverein der Stadt Erfurt.[273] Auf sein Betreiben schreibt der Magistrat der Stadt im Jahre 1886 einen "engen" Wettbewerb aus, der Wettbewerb richtete sich also an Künstler, die persönlich aufgefordert wurden, sich an der Konkurrenz zu beteiligen. Die Entscheidung über das Ergebnis liegt beim preußischen Kultusministerium, genauer bei der "Landescommission zur Berathung über Verwendung der Fonds für Kunstzwecke". Die Landeskommission leistet einen

Staatsbeitrag von 10 000 Mark und stellt dafür die Bedingung, daß die Metallteile des Brunnens in Kupfer getrieben werden, damit diese Technik nicht in Vergessenheit gerate. Zur Ausführung empfielt sie den Erzgießer H.Howaldt in Brauschweig. Der Verschönerungsverein steuert weitere 11 000 Mark zum Bau des Brunnens bei, den Rest trägt die Stadt.[274]

Der Architekt Stöckhardt[274a] und der Bildhauer Hoffmeister[274b] gehen als Sieger aus dem Wettbewerb hervor. Die "Thüringer Zeitung" berichtet im November 1887, daß der Bildhauer Hoffmeister "an einem monumentalen Brunnen für Erfurt arbeitet. Der Entwurf und die Architektur stammen von dem Baumeister H.Stöckhardt, die Figuren sind Kompositionen Hoffmeisters..."[275] Der Brunnen wird am 6.9.1890 feierlich enthüllt. Die Festrede wird von dem ersten Bürgermeister der Stadt, Schneider, gehalten und in der "Thüringer Allgemeinen Zeitung" veröffentlicht.[276]

BESCHREIBUNG

H. 12 m, Br. 10,50 m (Becken), Granit, Sandstein, Bronze, Kupfer

Der Brunnen steht an dem Endpunkt des Straßenzuges "Anger", der sich an dieser Stelle in Neuwerk- und Regierungsstraße gabelt. An der Stelle der Gabelung erweitert sich die Straße zu einem Platz, dessen Form der Brunnen in seinem Grundriß angepaßt ist. Der Brunnen ist auf eine einseitige Hauptansicht ausgerichtet, die Schauseite liegt vor der den Platz begrenzenden Häuserfront. Zur Zeit des Brunnenbaus standen hier einfache, dreistöckige Häuser, die von dem Brunnen überragt wurden. Der Brunnen ist von einer halbkreisförmigen Blumenrabatte umgeben.

Das formale Hauptelement des Brunnens bildet ein Obelisk. Er setzt auf einem architektonischen Sockel von halbkreisförmigem Grundriß auf, an dessen Seiten zwei überlebensgroße, vollplastische Figuren lagern (Abb.21). Der Brunnenkern steht in einem Umfassungsbecken, welches ihm in seiner Halbkreisform angepaßt ist. An seinen Seiten bilden sich zwei Ausbuchtungen, eine weitere ergibt sich auf der Rückseite. Der Brunnensockel ist ähnlich aufgebaut. Die podestartigen Seitenteile werden nach oben von zwei schräggelagerten Voluten begrenzt, die die Sitzflächen für die in Kupfer getriebenen Figuren bilden (Abb. 21). Dem Mann auf der linken Seite ist ein Zahnrad beigegeben, der Frau auf der rechten Blumen und Blumenranken. Am Sockel zwischen den Figuren setzen auf der Schauseite zwei halbkreisförmige Schalen an. Die Schalen werden durch einen wasserspeienden Delphin verbunden, der die obere, kleinere, mit seinem Schwanz stützt. Diese Schale ist muschelförmig gebildet. Über ihr sind eine wasserspeiende Maske und zwei geflügelte Putten angebracht. Über der Maske setzt der Obelisk auf (Abb.21). Auf der Rückseite des Sockels befindet sich ein weiterer wasserspeiender Fisch, unter dem früher eine Inschriftstafel angebracht war.[277]

Das Wasser wird von der Maske in die Muschelschale gesprüht, von wo es über den Rand in die untere Schale fällt. Diese erhält außerdem Wasser aus Mund und Nase des Delphins und aus zwei Amphoren, die von den Seitenfiguren gehalten werden (Abb. 21). Sie gibt das Wasser über den Rand in das Umfassungsbecken weiter, das auch von dem Fisch auf der Rückseite gespeist wird.

IKONOGRAPHIE

Die Bedeutung eines bekrönenden Obelisken liegt in der Glorifizierung des dargestellten Themas. Ausgehend von der ägyptischen Sonnensymbolik wandelte sich die Bedeutung des Obelisken seit der Renaissance zum christlichen Siegeszeichen. Seit der Napoleonischen Zeit gilt der Obelisk als Siegeszeichen schlechthin, ohne notwendigerweise an christliche Inhalte gebunden zu sein.[278]

Der Obelisk glorifiziert hier die Bereiche, die für das Wohlergehen der Stadt Erfurt von besonderer Bedeutung sind. Der Mann mit dem Zahnrad symbolisiert die Industrie, die Frau mit den Blumen den Gartenbau.[279] Der Stolz auf die industrielle Entwicklung einer Stadt oder Region, der durch die Personifikation der Industrie zum Ausdruck kommt, ist charakteristisch für die Zeit des Kaiserreiches.[280] Die Personifikation des Gartenbaus bezieht sich auf die Blumenzucht, die einen wichtigen Erwerbszweig der Stadt darstellte.[281]

Die Darstellungsweise der Personifikationen entspricht der geläufigen Zuordnung: die Industrie, als Bestandteil der Arbeitswelt, wird durch eine männliche, der Gartenbau (Blumenzucht), dem häuslichen Bereich zugeordnet, durch eine weibliche Figur symbolisiert.

HERLEITUNG

Die Kombination eines Brunnens mit einem Obelisken findet sich zum ersten Mal in Berninis Vierströmebrunnen. Dort wird durch den felsigen Unterbau ein Kontrast zu der klaren Form des Obelisken hervorgerufen.[282] Der Obeliskenbrunnen wird im 19.Jh. zuerst durch den Leipziger Mendebrunnen wiederaufgenommen.[283]

Der formale Kontrast des Vierströmebrunnens kommt in Erfurt nicht mehr zum Tragen. Obelisk und Brunnenarchitektur sind einheitlich klar gegliedert. Die Betonung der Vertikalen kommt der Proportionierung des Brunnens in der Umgebung hoher Häuser zugute. Anders als in Leipzig wird hier durch die spärliche Verwendung des Wassers die Denkmalhaftigkeit des Werkes hervorgehoben, der Brunnencharakter verkümmert.

3.7 ERLANGEN - PAULIBRUNNEN (7)

BAUGESCHICHTE

Der Paulibrunnen in Erlangen ist durch eine private Stiftung der Eheleute Salomon und Julie Pauli zustandegekommen. Das kinderlose Ehepaar hatte der Stadt zur Herstellung eines monumentalen Brunnens ein Legat von 54 000 Mark hinterlassen.

Nachdem sich Auftragsverhandlungen mit dem Direktor der Kunstgewerbeschule in Nürnberg, Gnauth, zunächst schwierig gestalteten und schließlich durch Gnauths Tod im November 1884 beendet wurden, wurde nach der Durchführung einer eingeschränkten Konkurrenz Friedrich Wanderer, Professor an der Nürnberger Kunstgewerbeschule, einstimmig mit der Herstellung des Brunnens beauftragt. Unter Mitarbeit der Bildhauer Leistner (Aufbau), Schwabe (Sitzfiguren) und Lenz (Bronzegüsse) wird der Brunnen nach dem Entwurf Wanderers im Herbst 1889 fertiggestellt. Der Brunnen wird 1890 auf dem Marktplatz enthüllt.[283a] Bei der Enthüllung werden die Künstler von der Stadt mit zusätzlichen Geldgeschenken geehrt.[284]

BESCHREIBUNG

H. 8 m, Bronze, Kalkstein

Der Marktplatz, auf dem der Brunnen steht, ist an drei Seiten von Wohnhäusern umgeben. Den Abschluß der vierten Seite bildet das Alte Schloß, ein zweigeschossiger, langgestreckter Bau (Abb. 22), dem die übrigen Häuser in der Form angepaßt sind. Der Brunnen ist durch die Betonung der Mittelsenkrechten bei gleichzeitiger großer Breite des Umfassungsbeckens auf diesen Hintergrund ausgerichtet. Es handelt sich um einen in barocken Formen gehaltenen Schalenbrunnen. Der massige Brunnenkern trägt zwei bekrönende Schalen und an den Ecken vier Muschelschalen. Er steht in einem Umfassungsbecken, das nach beiden Seiten rechteckig gestreckte Podeste bildet, auf denen zwei vollplastische Figuren sitzen. Die Breite von Podest zu Podest entspricht in etwa der Höhe des gesamten Brunnens, so daß sich eine Silhouette in Form eines gleichseitigen Dreiecks ergibt.

Der Grundriß des Umfassungsbeckens ist sechspaßförmig, die Brüstung läuft an beiden Seiten in rechteckigen Podesten aus. Die Podeste stehen ihrerseits auf rechteckigen Sockeln, die in halbkreisförmigen Wassertrögen enden. Zwischen den Sockeln verlaufen drei Treppenstufen, die analog zur Brüstung geformt sind.

Auf den Podesten sitzen zwei bronzene Frauenfiguren. Beide sind mit weiten Gewändern bekleidet. Die Frau, die vom Schloß aus gesehen links sitzt (Abb.23) , trägt eine Schleierkrone auf dem Kopf. In ihrem rechten Arm hält sie ein Szepter, mit dem linken Arm stützt sie einen Schild, auf dem die Namen "C.v.Hofmann", "F.v.Glück", "F.v.Dittrich" und "F.Rückert" geschrieben sind. Auf dem Boden neben ihr stapeln sich einige Bücher, auf denen eine Eule sitzt. Die Frau auf der rechten Seite (Abb.23a) trägt auf dem Kopf eine Mauerkrone, am Podest hinter ihr lehnt ein Zahnrad. In ihrem linken Arm hält sie ein Wappen, in ihrem rechten einen Früchtestrauß.

Aus der Mitte des Beckens erhebt sich der quadratische Brunnenkern (Abb. 22). An seinen Ecken schließen sich vier rechteckige Vorsprünge an. Auf den Vorsprüngen sitzen vier volutenartig geschwungene Figuren auf, zwei Tritonen und zwei Nereiden, die jeweils eine muschelförmige Schale tragen. Zwischen den Figuren sind die Seiten des Brunnenpfeilers mit Medaillons bestückt, unter denen Inschriftstafeln angebracht sind. Medaillons und Platten sind von Ranken und stilisierten Früchten gerahmt. Auf den Medaillons sind, durch die Inschriften bezeichnet, dargestellt: Markgraf Alexander, Neubegründer der Universität , Markgraf

Christian Ernst, Begründer der Neustadt Erlangen, und der bayrische Prinzregent Luitpold. Die dem Alten Schloß zugewandte Seite trägt im Medaillonfeld eine Inschrift zu Ehren der Stifter und in dem Feld, in dem unter den Medaillons die Inschriftsplatten angebracht sind, die Namen der Künstler.

Über den Muschelschalen verjüngt sich der Brunnenstock in einer Stufe (Abb. 22). An den Seiten dieses zweiten, einfacher gehaltenen, Sockelabschnittes sind weitere Wappen angebracht, an den oberen Ecken vier Tierköpfe als Wasserspeier. Über diesem Teil erheben sich auf einem runden Sokkel die bekrönenden Bronzeschalen, eine größere Unterschale und eine kleine, durch stilisiertes Blattwerk emporgehobene, obere Schale.

Das Wasser springt aus der oberen Schale in einer kleinen Fontäne in die untere und fällt direkt oder über die vier Muschelschalen in das Umfassungsbecken. Die Wasserspeier geben zusätzliches Wasser in die Muschelschalen ab. Aus dem Umfassungsbecken wird das Wasser durch zwei kleine Tierköpfe unter den Füßen der Sitzfiguren in die beiden Tröge geleitet.

Die Inschriftstafeln tragen die Wortlaute: "Gestiftet von den Kaufmannseheleuten Friedrich Salomon Pauli, geb. 18. Nov. 1791, gest. 1. März 1862, Julie Pauli, geb. Tremel, geb. 22. Juli 1795, gest. 17. Okt. 1878 - Errichtet 1889" und "Entworfen von F. Wanderer, ausgeführt von H. Schwabe, G. Leistner u. Ch. Lenz in Nürnberg."

IKONOGRAPHIE

Die plastischen Hauptelemente des Brunnens sind die beiden Frauenskulpturen. Sie werden entweder als Universität und Erlangia[285] oder als Universität und Industrie[286] gedeutet.

Die Bedeutung der vom Schloß aus rechten Figur ist durch ihre Attribute deutlich gemacht: Bücher und Eule sind Symbole der Gelehrsamkeit. Die Personen, deren Namen auf dem Schild eingeschrieben sind, stehen in Beziehung zur Universität Erlangen: von Hofmann war 1845 - 1877 Theologieprofessor und Begründer der "Erlanger Schule", Rückert war 1826 - 1841 Professor für orientalische Philologie, von Glück war 1784 - 1831 Professor für Jura und von Dittrich war 1850 - 1858 Professor für Innere Medizin und Direktor der Medizinischen Klinik. Der Bezug zur Universität wird weiter durch das Medaillon gegeben, das hinter der Figur auf dem Brunnensockel angebracht ist. Es stellt den Markgrafen Alexander dar, der die Universität durch Dotierungen lebensfähig gemacht hat. Der eigentliche Gründer der Universität, Markgraf Friedrich, wurde auf dem Brunnen nicht dargestellt, weil er bereits in einem Denkmal von 1743 verewigt ist, das vor dem Schloß steht und von dem Brunnen aus gesehen werden kann.

Die gegenüberliegende Figur stellt mit Sicherheit die Erlangia dar. Früchtestrauß und Erlanger Stadtwappen sind keine Industrieattribute. Als Erlangia trägt die Figur die Zeichen für die Erwerbszweige, die zum Wohlstand der Stadt führen: Industrie (Zahnrad), Gewerbe (Mauerkrone) und Gartenbau (Früchtestrauß). Die Beziehung zur Stadt verdeutlicht weiter das Medaillon hinter der Figur: Markgraf Christian Ernst holte nach der Aufhebung des Ediktes von Nantes die französischen Hugenotten nach Erlangen und baute für sie die Neustadt.

Das Medaillon mit dem Bild des Prinzregenten Luitpold befindet sich folgerichtig gegenüber dem Schloß, die Stifterinschrift gegenüber den Bürgerhäusern.

Die Wappen, die an den Seiten des zweiten Sockelabschnittes angebracht sind, nehmen diese formale Zuordnung wieder auf: dem Schloß gegenüber befindet sich das Wappen des Königreiches Bayern, auf der Stadtseite noch einmal ein Stadtwappen, über den Figuren das jeweilige markgräfliche Wappen mit dem preußischen Adler, dem burggräflichen Löwen und dem Hohenzollernschild.

Das ikonographische Programm ist stark zugunsten der Stadt gewichtet. Stadt und Königreich sind auf den ihnen topographisch zugeordneten Seiten gegenübergestellt. Der Stadt sind auch die beiden Sitzfiguren zugeordnet: sie verdeutlichen die Errungenschaften der Stadt, wobei diese selbst in der Erlangia noch einmal plastisch zum Ausdruck kommt.

HERLEITUNG

Die Tradition, im bildnerischen Programm eines Brunnens auf die Geschichte der Stadt hinzuweisen, geht bis in die Frührenaissance zurück. In Italien wurde dieser Topos schon gegen Ende des 13.Jhs. aufgegriffen. Auf der Fontana Maggiore in Perugia (1278) ist der Stadtgründer Heulixtes neben einem umfangreichen christologischen Programm dargestellt.[287] Über hundert Jahre später entsteht in Nürnberg der Schöne Brunnen, der mit der Darstellung der sieben Kurfürsten ebenfalls auf die Stadtgeschichte Bezug nimmt.[288] Sowohl für Italien als auch für Deutschland ist die Selbstdarstellung von Städten in der Brunnenbaukunst der Folgezeit ein geläufiges Thema. 1594 wird Augustus als Stadtgründer Augsburgs als Bekrönungsfigur über das weitere Bildprogramm gestellt.[289]

Im Bildprogramm des Paulibrunnens stehen die Errungenschaften der Stadt an exponierterer Stelle als Gründer und Förderer der Stadt. Dieser Umstand mag auf eine neue Selbsteinschätzung der Städte deuten.

Formal greift der Brunnen spätere Impulse auf als inhaltlich. Während der Aufbau des Brunnenkerns dem des Neptunbrunnen in Bologna (1566) ähnelt,[290] nimmt die Ausschmückung mit ihren Muschel- und Rankenelementen spätere, barocke Elemente auf.

3.8 HAMBURG - HANSABRUNNEN

BAUGESCHICHTE

In den 70er Jahren des 19. Jhs. wurden auf dem heutigen Hansaplatz von der Hanseatischen Baugesellschaft Mietshäuser errichtet. Der Staat Hamburg hatte den früheren Borgeschplatz von der Zunft der Zimmerleute gekauft, der er als gemeinsamer Holzlager- und Sägeplatz gedient hatte. Die Baugesellschaft beschloß, als Zentrum der Anlage auf eigene Kosten einen Brunnen zu errichten und ihn der Stadt zum Geschenk zu machen.[291] Der Bildhauer Engelbert Pfeiffer[291a] wurde von der Baugesellschaft direkt mit der Errichtung des Brunnens beauftragt. Pfeiffer war der Gründer und Leiter der Steinmetz- und Bildhauerwerkstatt der Gesellschaft.[292] Seine erste Skizze zu dem Brunnen datiert von Anfang 1875. Entwurf und Ausführung sind im wesentlichen Pfeiffers Verdienst, dem sämtliche Einrichtungen der Baugesellschaft zur Verfügung standen. An der Ausarbeitung der architektonischen Details waren die Berliner Architekten Kayser und von Großheim beteiligt.[293] Der Brunnen wurde nach seiner Fertigstellung am 10. Juli 1878 von der Hanseatischen Baugesellschaft dem Staat Hamburg übergeben.[294]

Im Frühjahr 1879 sollte an dem Brunnenbecken ein Terrakottafries angebracht werden, auf dem Tätigkeiten aus dem Baugewerbe dargestellt waren. Der Fries sollte an die frühere Nutzung des Platzes erinnern.[295] Zu der Anbringung ist es jedoch nie gekommen.

BESCHREIBUNG

H. 18 m, Ø 7,50 m, Granit, Sandstein

Der Hansabrunnen (Abb.24)steht in der Mitte des Hansaplatzes, der zur Zeit des Baus und zum Teil auch noch heute von hohen, vier- bis fünfstöckigen Häusern umgeben war. Der Brunnen ist in seiner Höhe der Höhe der Häuser angepaßt. Er ist pyramidenförmig aufgebaut. Auf dem dreistufigen Kern steht die Bekrönungsfigur, der Kern ist von einem runden Becken umgeben. Das Becken ist im Vergleich zur Höhe relativ schmal gehalten, so daß sich eine Betonung der Vertikalen ergibt, die notwendig ist, damit der Brunnen gegen die hohen Häuser nicht zu klein erscheint.[296]

Den Unterbau des Brunnens bildet ein rundes Becken, das auf einem Treppenachteck aufsetzt. Zwischen den oberen Stufen sind vier Schöpfbecken eingelassen. Treppen und Becken sind aus Granit gearbeitet.

Aus dem Umfassungsbecken erhebt sich der quadratische Brunnenaufbau, der aus Sandstein hergestellt ist. Der sich nach oben verjüngende Kern ist in drei Stufen gegliedert. Dem unteren Geschoß sind an den Seiten vier halbkreisförmige Wasserbecken (Abb. 24) vorgeblendet, die von Halbpfeilern gestützt werden. An den abgeschrägten Ecken sind in Nischen vier wasserspeiende Delphine angebracht (Abb. 24). Über diesem Geschoß vermittelt ein niedriges Band den Übergang zum nächsten Abschnitt. Es trägt an seinen Seiten wasserspeiende Löwenmasken, die von Rankenornamenten umgeben sind. In den Ecken sind kurze Halbsäulen eingesetzt.

Es schließt sich der skulpturenreiche Mittelteil an. An seinen vier Seiten sind zwischen je zwei ornamentierten Säulen Nischen eingelassen. In den Nischen stehen vier vollplastische Figuren: Kaiser Konstantin (Abb. 25), römisch gekleidet, auf dem Kopf einen Lorbeerkranz, an seiner Seite ein Kreuz, Kaiser Karl der Große (Abb. 26) mit Krone und Reichsapfel, Bischof Ansgar (Abb. 27) im geistlichen Ornat mit Bischofsstab und Graf Adolf IV. von Schauenburg (Abb. 28) mit Schwert und Wappenschild. Der dritte Aufsatz (Abb. 24) trägt an seinen Seiten vier Wappen: die der drei Hansestädte Hamburg, Bremen und Lübeck und auf der Frontseite den Reichsadler. Der Aufbau bildet den Sockel für die bekrönende Hansafigur. Diese hat neben sich auf der rechten Seite einen

Schiffsschnabel, in den die Buchstaben HANSA eingelassen sind. In ihrer Linken hält sie einen Dreizack, die Rechte ist erhoben.

Das Wasser wird aus den Löwenmasken in die halbrunden Schalen (Abb. 24) gegeben, von denen es über den Rand in das runde Becken fällt. Dieses wird außerdem durch die Delphine gespeist. Aus dem Umfassungsbecken gelangt das Wasser durch kleine Ausläufe in die vier Schöpfbecken.

An der Beckenwand ist eine Tafel mit der folgenden Inschrift eingelassen: "Errichtet von der Hanseatischen Baugesellschaft, - ausgeführt von Engelbert Pfeiffer, - dem Staate übergeben am 10ten Juli 1878."

IKONOGRAPHIE

Die Ikonographie des Brunnens wurde schon kurz nach dessen Enthüllung unterschiedlich bewertet. J.F. Voigt legt in einem Aufsatz vom August 1878 seine Kritik an dem Brunnen dar.[297] Gegen diese Kritik wenden sich Zimmermann und A. Meyer in einem Gutachten an die Bau-Deputation vom 15.11.1878.[298]

Voigt hält es für falsch, die Hanse durch eine Statue zu symbolisieren, da sie nie als geschlossene Vereinigung auftrat, sondern durch Abgesandte der einzelnen Mitglieder vertreten wurde. Zimmermann und Meyer sprechen unter Hinweis auf Germania-Personifikationen von der Geläufigkeit solcher Darstellungen, ohne jedoch weiter auf die sachlichen Einwände Voigts einzugehen.

Weiter bemängelt Voigt den fehlenden Zusammenhang zwischen dem übergeordneten Thema "Hanse" und den vier Statuen im Mittelteil. Er meint, daß die Dinge, für die die vier Männer stehen, mit der Hanse wenig zu tun haben. Konstantin steht für die Einführung des Christentums, Karl der Große ist als legendärer Gründer Hamburgs dargestellt, Bischof Ansgar als Apostel des Nordens und Adolf IV. von Schauenburg als Held von Bornhöved, der die Dänen zurückschlägt.[299] Zimmermann und Meyer übernehmen die Deutung Voigts, lehnen jedoch seine Kritik an der Berechtigung der Figuren ab. Sie sehen die Statuen als Verdeutlichung derjenigen Faktoren, die die Hanse zur Blüte gebracht haben: geistige Kultur (Konstantin und Ansgar) und politische Macht (Karl der Große und Adolf IV.).

Während Voigt auf Stimmigkeiten und Unstimmigkeiten von Einzelheiten und auf die ikonographische Berechtigung der Figuren eingeht, stellen Zimmermann und Meyer diese Überlegungen an zweite Stelle. Für sie ist die Funktion des Brunnens maßgebend, die sie durchaus erfüllt sehen. Sie gestehen zu, daß über die Berechtigung der Ausschmückung verschiedene Ansichten bestehen können, schätzen dieses aber als von geringerer Wichtigkeit gegenüber dem sonst gelungenen Werk ein.

Auch Voigt lobt den Gesamteindruck des Brunnens, eine Aussage, die bei ihm aber rein rhetorische Bedeutung hat, da er ansonsten fast jede Einzelheit kritisiert.

HERLEITUNG

Formal wurde hier an typische Renaissancebrunnen italienischer und deutscher Provenienz angeknüpft. Seit dem 16. Jh. entwickelten sich in Italien (Bologna, Florenz) und in Deutschland (Augsburg) Monumentalbrunnen, die durch eine vollplastische Figur auf quadratischem Sockel bekrönt wurden. Diese Form wurde neben anderen bis ins 19. Jh. durchgehend beibehalten. In seinen Proportionen unterscheidet sich der Hansabrunnen von den alten Brunnen. Während die früheren Werke nicht oder nur unerheblich mehr Höhe als Breite aufweisen, hat der Hansabrunnen mehr als doppelt soviel Höhe wie Breite. Auf die Kritik, die diese Form hervorrief, wurde bereits hingewiesen.[300] Die Notwendigkeit, daß ein Brunnen in seiner Höhe mit Häusern zu konkurrieren hat, ist eine besondere Schwierigkeit des 19 Jhs. In anderen Fällen wird der Brunnen durch einen Obelisken bekrönt (Erfurt, Leipzig, Magdeburg, Nürnberg), wodurch die einzelnen Brunnenglieder ihre Proportionen behalten können.

3.9. HAMBURG - HYGIEIABRUNNEN (9)

BAUGESCHICHTE

Der Bau des Brunnens zwischen Rathaus und Börse ist von der Rathaus-Baukommission bereits im Kostenvoranschlag für den Rathausneubau von 188o vorgesehen. Der Brunnen steht an letzter Stelle der Bauvorhaben, er hätte, da nicht fest mit dem Rathaus verbunden, am ehesten eingespart werden können. Erst 1892 wird ein allgemeiner Wettbewerb veranstaltet, aus dem der Münchner Bildhauer Joseph von Kramer als Sieger hervorgeht. Doch erst nach zwei weiteren Wettbewerben zwischen von Kramer und seinem Konkurrenten Max von Widnmann, ebenfalls aus München, wird der Auftrag an den ersteren erteilt.

Bei der Wahl des Figurenprogramms wird den Künstlern freie Hand gelassen. In seinem ersten Entwurf sieht von Kramer anstelle der heutigen Bekrönungsfigur eine Figur des Merkur als Wahrzeichen für den Handel vor.[301] 1895 empfiehlt Haller der Baukommission statt dessen die Figur der Hygieia als besser geeignet, zum Gedenken an die Choleraepidemie von 1892.[302] Die bronzenen Figuren werden von der Gräflich Einsiedel'schen Gießerei in Lauchhammer gegossen, ebenso der Sockel und die obere Schale. Das untere Becken ist aus Granit gearbeitet. Am 7. November 1896 wird der Brunnen enthüllt, die "Kunstchronik" schreibt zu diesem Anlaß, der Brunnen habe "allerseits ungeteilte Bewunderung gefunden" und "darf den schönsten Denkmälern der Stadt zugerechnet werden".[303]

BESCHREIBUNG

H. ca. 8 m, Br. ca. 8 m (Umfassungsbecken), Granit, Bronze

Der Hygieiabrunnen (Abb.29)steht in dem Hof, der sich zwischen dem Hamburger Rathaus und der Börse bildet. Der rechteckige Platz wird an seiner Ostseite durch das zweigeschossige Rathaus (Abb.29)und an seiner Westseite durch die etwas niedrigere, ebenfalls zweigeschossige Börse (Abb. 30) begrenzt. Nord- und Südseite werden durch weitere, gleichartige Gebäudeteile gebildet.

Der Brunnen steht in der Mitte des Hofes. Es handelt sich um einen Schalenbrunnen mit vollplastischer Bekrönungsfigur, die nach Westen zur Börse ausgerichtet ist. Die Schale wird von einem Knauf getragen, der aus der Mitte zweier ineinandergelagerter Becken emporwächst. Über der Schale erhebt sich auf einem weiteren Knauf die Bekrönungsfigur.

Die äußere Begrenzung des Brunnens bildet ein flaches, rundes Becken. In seiner Mitte liegt ein zweites, ebenfalls rundes Bassin, das von einer Brüstung umfaßt wird (Abb.29). An den Außenseiten der Brüstung sitzen auf konkav geschwungenen Podesten sechs vollplastische Figuren. Dargestellt sind nacheinander ein Jüngling, der das Modell eines Segelschiffes in Händen hält (Abb. 29), ein Mädchen mit einem bekränzten Ruder (Abb. 30), ein Jüngling, der einen Fisch aus dem Wasser holt (Abb. 30), ein Mädchen, das mit einem Krug Wasser schöpft (Abb. 30), ein Faun mit Muschel (Abb. 29) und ein Mädchen mit Spiegel (Abb. 29). Zwischen den Figuren sind mit Gittern verzierte, halbkreisförmige Öffnungen in die Brüstung eingelassen (Abb. 29), durch die die gekühlte und angefeuchtete Frischluft angesaugt und in das Innere des Rathauses gleitet wird. Über den Gittern sind wasserspeiende Tierköpfe angebracht.

Aus der Mitte des Beckens wächst ein mit Pflanzenornamenten geschmückter, knaufartiger Sockel, der die Bronzeschale trägt (Abb.30). Die Schale ist an ihrer Unterseite teilweise kanneliert. Über der Schale setzt sich der Sockel fort, der hier mit Delphinen verziert ist. Er trägt als Bekrönung die überlebensgroße Statue der Hygieia, zu deren Füßen sich ein Drache windet. In ihrer erhobenen rechten Hand hält sie eine kleine Schale (Abb. 29).

Das Wasser fällt aus der kleinen Schale in die große, die hauptsächlich von den wasserspeienden Delphinen am Sockel gespeist wird. Die Schale gibt das Wasser über den Rand in breitem Fall in das untere Becken, aus dem es durch die Tierköpfe in das Umfassungsbecken geleitet wird.

IKONOGRAPHIE

Als beherrschender Bedeutungsträger bekrönt die Hygieia den Brunnen. Hygieia ist in der griechischen Mythologie die Tochter oder die Frau des Gottes Asklepios und sein weibliches Gegenbild.[304] Die genaue Bedeutung für diesen Brunnen ist durch einen Brief überliefert, den Baumeister Haller am 19.3.1895 an den Vorsitzenden der Baukommission, Bürgermeister Dr. Lehmann, schrieb, wonach Hygieia "...die reinigende Kraft des Wassers versinnbildlichen soll. Hierbei war sowohl das Andenken an die in die Bauzeit fallenden Schicksalsschläge des Jahres 1892, als auch der besondere Umstand leitend, daß der Brunnen dem praktischen Zweck der Reinigung der ins Gebäude eingeführten Luft zu dienen hat."[305] Demnach muß der besiegte Drache als Sinnbild der Cholera gelten, die Hamburg im Jahre 1892 heimsuchte. Damit steht die Darstellung in der christlichen Tradition, in der der Drache als Symbol für das Böse, den Teufel und das Gottlose schlechthin steht.[306]

Der untere Teil des Brunnens ist mit seinen Beckenfiguren den weiteren segensreichen Eigenschaften des Wassers gewidmet. Der Jüngling mit dem Schiffsmodell symbolisiert den erfolgreichen Handel, der ursprünglich von der Bekrönungsfigur des

Brunnens verdeutlicht werden sollte. Im ersten Entwurf hält der bekrönende Merkur das Schiffchen, dem Jüngling ist eine flache Schale beigegeben.[307] Das Mädchen mit dem Ruder steht für den Wassersport. Es folgt der Fischfang, das reine Trinkwasser, der Reichtum und die Reinheit des Elements.

Der gesamte Brunnen muß als Allegorie auf das Wasser verstanden werden. In der ursprünglichen Fassung wurde die Bedeutung des Wassers für die Hafenstadt hervorgehoben, der es Wohlstand und wirtschaftliches Ansehen bringt. Der Merkur hätte sich, wie jetzt die Hygieia, der Börse zugewandt. Beeinflußt durch die Choleraepidemie von 1892 wurde eine Bedeutungsverschiebung vorgenommen. Die merkantile Bedeutung des Wassers tritt in die untere Zone des Brunnens als gleichwertig neben anderen Eigenschaften des Wassers zurück. Mit der Hygieia tritt die Funktion des Wassers für die Gesundheit in den Vordergrund. Der Brunnen wird jedoch nicht zum Mahnmal der Krankheit, sondern Hygieia steht als Siegerin über ihr - die Seuche ist dank verbesserter Hygienebedingungen überwunden.

HERLEITUNG

Den Typus des Schalenbrunnens mit freistehender Bekrönungsfigur gibt es seit dem 15.Jh.[308] Er wird zunächst in Italien heimisch und später auch in Deutschland übernommen. Als Bekrönung wird häufig eine mythologische Gestalt gewählt, die mit dem Wasser in Beziehung steht (zahlreiche Neptun- und Oceanusbrunnen).[309] Auch Merkur wird dargestellt, beispielsweise in Augsburg.[310] Wäre Merkur hier die Bekrönungsfigur geblieben, so hätte der Brunnen auch in dieser Beziehung in einer eigenen Tradition gestanden.

Die Änderung der Bekrönung unter Beibehaltung der Form führt dazu, daß Hygieia als siegreiche antike Göttin dargestellt wird, so wie Merkur auch erschienen wäre. Dadurch wird vermieden, daß es zu einer Diskrepanz zwischen Form und Inhalt kommt, die zum Tragen gekommen wäre, wenn der Brunnen als Mahnmal der Cholera konzipiert worden wäre. Im Vergleich zu ausgesprochenen Cholerabrunnen zeigt sich, daß bei diesen auch noch im 19.Jh. die strengere, gotische Fialenform bevorzugt wird (Cholerabrunnen in Dresden).

3.10 HAMBURG-ALTONA - STUHLMANNBRUNNEN (10)

BAUGESCHICHTE

Die Mittel für die Errichtung des Stuhlmannbrunnens in der damals noch zu Preußen gehörenden Stadt Altona stammen aus einem Vermächtnis des Altonaer Kaufmanns Günther Ludwig Stuhlmann, der im Jahre 1872 gestorben war.[311] Da sich zunächst kein geeigneter Platz fand, auf den der Brunnen hätte gestellt werden können,[312] verzögerte sich der Baubeginn um 25 Jahre.

Erst nach Fertigstellung des Bahnhofvorplatzes war ein geeigneter Standort geschaffen, so daß Ende 1896 ein öffentlicher Wettbewerb ausgeschrieben werden konnte. Die Entwürfe sollten zum 1.5.1897 vorliegen.[313] An der Konkurrenz beteiligten sich 58 Künstler. Als Sieger ging der Bildhauer Paul Türpe aus Berlin mit dem Entwurf "Kampf" hervor. Den zweiten Preis erhielt E.Dittler aus München mit dem Entwurf "Bellini", den dritten Berndl und Hohlbein mit "Märchen".[314] Türpe wurde die Ausführung des Brunnens übertragen. Der Vertragsabschluß datiert vom 20.12.1897.[315] Die Werkstatt Otto Bommert wird beauftragt, die Brunnenfiguren in Kupfer zu treiben. Im November 1899 treffen die fertigen Figuren in Altona ein.[316] Am 1.7.1900 wird der Brunnen der Öffentlichkeit übergeben.[317]

Der Brunnen steht in der Museumsstraße, früher Kaiserstraße, vor dem Altonaer Bahnhof. Er überstand beide Kriege unbeschädigt, er mußte lediglich in den Jahren 1974 - 1978 vorübergehend dem S-Bahn-Bau weichen.

BESCHREIBUNG

H. 7,50 m, Br. 20 m, T. 10 m (Becken), Granit, Kupfer

Der Bahnhofsplatz in Altona ist heute derart umgestaltet, daß der Brunnen völlig aus seinem architektonischen Kontext gerissen ist. Einen ungefähren Eindruck der ursprünglichen Aufstellung gibt eine zeitgenössische Abbildung, die den Brunnen vor einem großen Backsteingebäude zeigt.[318] Heute ist der Brunnen von Neubauten umgeben (Abb.31).

Der Brunnen besteht aus einem oblongen Umfassungsbecken aus Granit und einer zentralen, plastischen Gruppe, die von zwei Figuren im Becken flankiert wird. Aus der Mitte des Beckens erhebt sich die Hauptgruppe - auf einem Block aus Felsgestein richten sich zwei Kentauren auf (Abb. 32). Sie umklammern im Streit ein Netz mit Fischen, das bereits gerissen ist. Beide greifen den größten Fisch, der nach oben aus dem Netz entweichen will, während sich weitere kleinere Fische seitlich aus dem Netz lösen und eine kleine Flunder schon auf dem Felsen liegt. Ein Kentaur ist mit einem Strick gegürtet, an dem Fische befestigt sind.

In den Auswölbungen an den Schmalseiten des Beckens sitzt links und rechts der Gruppe je ein Triton auf einem Felssockel. Der eine bläst durch ein Muschelhorn (Abb. 31), der andere durch den Mund (Abb. 31) Wasser auf die Kämpfenden. Vier Echsen (Abb. 31), die auf den Sockeln der Umfassung sitzen, speien ebenfalls Wasser, ebenso der gefangene Fisch und zwei Fische, die gerade dem Netz entschlüpfen wollen.

Der Felsblock, auf dem die Mittelgruppe sitzt, ist auf der einen Seite mit "P.Türpe" und auf der anderen mit "Otto Bommer" gezeichnet, auf der Umfassung ist eine Platte angebracht, die den Wortlaut trägt: "Diesen Brunnen verdankt die Stadt Altona dem Altonaer Bürger Günther Ludwig Stuhlmann, geb. 10. Febr. 1797, gest. 30. März 1872".

IKONOGRAPHIE

Die kämpfenden Kentauren sollen angeblich den Kampf der Städte Hamburg und Altona um den Fischmarkt symbolisieren.[319] Diese Interpretation taucht jedoch erst in heutiger Zeit auf. In den Akten der Baukommission ist über eine solche Bedeutung nichts zu finden, ebensowenig in zeitgenössischen Beschreibungen des Brunnens.[320] Es ist also wohl nicht anzunehmen, daß Türpe beim Bau des Brunnens die Absicht hatte, diese Rivalität zu versinnbildlichen. Vielmehr ist wahrscheinlich, daß er sich eines gerade geläufigen Themas bediente [321] wogegen obige Deutung aus der Bevölkerung stammt, die sich eine Erklärung für die Kentauren in Altona wünschte. Für eine allgemeinere Sinngebung spricht auch die Behauptung zeitgenössischer Berichte, daß die beiden Tritonen, dadurch daß sie Wasser auf die Kentauren speien, ihrem Unmut über die Mißhandlung der Fische Ausdruck geben wollen.[322] Der Gesichtsausdruck der Tritonen, besonders desjenigen ohne Muschel, gibt dieser Deutung Recht.

HERLEITUNG

Der Stuhlmannbrunnen verzichtet, bis auf das Umfassungsbecken, auf jegliche Architektur. Die plastische Mittelgruppe ersetzt den Brunnenaufbau. Diese Betonung des plastischen Elements spricht für eine weitgehende Eigenständigkeit des Brunnens, da sich in früheren Zeiten, zumindest im Bereich der Monumentalbrunnen, die Ablösung der Architektur durch die Plastik nicht durchgesetzt hatte.[323] Erst das späte 19.Jh. nimmt diese Möglichkeit wieder auf (Teichmannbrunnen).

3.11 LEIPZIG - MENDEBRUNNEN (11)

BAUGESCHICHTE

Der Mendebrunnen wurde nach seiner Stifterin, der am 25.10. 1881 verstorbenen Leipzigerin Pauline Mende, benannt,[324] die der Stadt testamentarisch die Summe von 150 000 Mark hinterlassen hatte "...zum Bau eines die Stadt verschönernden Brunnens von monumentaler Architektur, vielleicht zwischen dem Museum und dem neuen Theater."[325] Der Platz bezeichnet den damaligen Augustus- bzw. den heutigen Karl-Marx-Platz.

Am 15.3.1882 wird von seiten des Stadtrats ein Wettbewerb zur Erlangung von Brunnenentwürfen ausgeschrieben. Der letzte Abgabetermin ist der 15.5. oder der 30.6.1882.[326] Es gehen 38 Entwürfe ein. Den ersten Preis erhalten der Bildhauer Hoffmeister und der Architekt Stöckhardt für den Entwurf "Handel und Wissenschaft". Der zweite Preis fällt an den Bildhauer Behrens und die Architekten Hartel und Lipsius für "Arion und die Wasserwelt". Vier weitere Entwürfe werden lobend erwähnt. Das Preisgericht schlägt jedoch keinen der Entwürfe zur Ausführung vor, es wird stattdessen zwischen den sechs Arbeiten, die in die engere Wahl gekommen waren, am 14.7.1882 eine neue Konkurrenz veranstaltet. Es werden fünf Arbeiten eingereicht, der Entwurf von Hoffmeister und Stöckhardt geht erneut als Sieger hervor. Das Preisgericht empfiehlt die Arbeit jetzt zur Ausführung, allerdings mit wesentlichen Änderungsauflagen.

Der Stadtrat findet die notwendigen Änderungen zu gravierend und zu kostenaufwendig. Er setzt sich mit dem Nürnberger Oberbaurat Adolf Gnauth in Verbindung, der an der Konkurrenz nicht teilgenommen hatte und beauftragt ihn mit der Erstellung eines eigenen Entwurfes. Am 6.4.1883 legt Gnauth seinen Entwurf vor, den er zusammen mit dem Münchner Bildhauer Jakob Ungerer erarbeitet hat. Der Brunnen soll nun größer werden, als in den früheren Entwürfen vorgesehen.

Da ein größerer Brunnen besser mit den Ausmaßen des Platzes harmonierte und da Gnauth in der Lage war, den größeren Brunnen in besseren Materialien zum gleichen Preis herzustellen, entscheidet sich der Stadtrat am 28.4.1883 für seinen Entwurf. Im Herbst 1883 werden die Verträge mit den Werkstätten geschlossen und die Gründungsarbeiten vollendet.

Am 19.11.1884 stirbt Gnauth. Nach seinem Tode wird unter Leitung des Leipziger Baudirektors Licht streng nach seinen Plänen weitergearbeitet.[327] Am 1.9.1886 wird der Brunnen feierlich enthüllt.[328] Die Kosten wurden allerdings höher, als man ursprünglich gedacht hatte, es mußten aus dem Grassischen Vermächtnis ca. 30 000 Mark zugesteuert werden.[329]

BESCHREIBUNG

H. 18 m, Br. 15 m, Granit, Bronze

Der Mendebrunnen (Abb.33) steht auf dem ehemaligen Augustusplatz vor dem zur gleichen Zeit errichteten, in Spätrenaissanceformen gehaltenen Museum. In seiner Gestalt nimmt der Obeliskenbrunnen Elemente des Museumsbaus wieder auf: das Museum ist auf seinen Ecken mit kleinen Obelisken geschmückt. Dem breiten Bau paßt sich der Brunnen in seiner breiten Grundform an.

Der Brunnen besteht aus zwei Umfassungsbecken, in deren Mitte ein pyramidaler Aufbau ansetzt, der in einen bekrönenden Obelisken ausläuft. Um den Sockel und in dem inneren Bekken sind zahlreiche plastische Figurengruppen angeordnet. Der Sockel ist zusätzlich mit Inschriftsfeldern geschmückt.

Die Brunnenbecken haben elliptische Vierpaßform und sind in zwei Höhenlagen angeordnet. Das untere größere Becken ist aus weißgelbem, das obere, wie die übrigen Steinteile des Brunnens, aus rotem Granit gearbeitet. Rechts und links des Aufbaus sind in dem oberen Becken auf naturalistischem

Felsgestein zwei identische Figurengruppen angeordnet, die aus geflügelten Pferden, Tritonen mit Muscheln, Delphinen und weiteren Seetieren bestehen. Diese sind, wie alle Figuren des Brunnens, aus Bronze gegossen. Am Beckenrand sind vier leere Inschriftskartuchen angebracht.

Aus der Mitte des Beckens erhebt sich der quadratische Brunnenkern. Er ist in zwei Abschnitte gegliedert. Den Ecken des unteren Teiles sind Podeste vorgelagert, auf denen Nixen sitzen, die Fische und Korallenzweige in den Händen halten. Über jeder Nixe wölbt sich ein Muscheldach. An den Seiten sind halbrunde Becken angebracht, über ihnen wasserspeiende Masken. Über den Masken befinden sich medaillonförmige Inschriftstafeln. Die dem Museum zugewandte Tafel erinnert an die Stifterin: "Errichtet aus dem Vermächtnisse der Frau Marianne Pauline Mende, geb. Thieriot, 1889", die gegenüberliegende trägt einen Vers des Dichters Paul Heyse: "Zum Himmel streben - in frischer Kraft, - der Erde geben, - was Segen schafft, - in lauterer Helle - lehrt es die Welle."[330]

Der obere Teil des Aufbaus tritt im Umfang hinter dem unteren zurück. An den Ecken stehen vier Putti auf Hummern und Fröschen. Die Putti halten Muschelhörner in den Händen. Die Seiten des Blockes sind mit je einer schlichten, querliegenden Tafel ohne Inschrift geschmückt. Als Bekrönung erhebt sich auf dem zweiten Teil des Aufbaus ein elf Meter hoher Obelisk, der als einzige Ausschmückung auf seiner Spitze einen vergoldeten Kugelstern trägt.

Die Putti gießen aus ihren Muschelhörnern Wasser über die unter ihnen sitzenden Nixen in das untere Becken. Die Tiere, auf denen die Putti sitzen, speien das Wasser direkt in das Becken. Die Masken am unteren Teil des Sockels geben das Wasser in die halbrunden Schalen, über deren Rand es in das Becken fällt. Die dort angeordneten Figuren sprühen in das äußere Bassin. Insgesamt sind an dem Brunnen sechzig wasserspeiende Plastiken in Form von Lebewesen angebracht.[331]

IKONOGRAPHIE

Ein Obelisk, der einen Brunnen bekrönt, hebt das, was sich unter ihm befindet, in glorifizierender Weise hervor. Im Falle des Mendebrunnens glorifiziert der Obelisk Figuren, die in enger Beziehung zum Wasser stehen. Seetiere, Tritonen und Nixen bilden eine Allegorie auf das Element. Formal wird lediglich das Wasser verherrlicht. Durch die Inschrift von Heyse ergibt sich zusätzlich ein moralisierender Bezug: "Zum Himmel streben mit frischer Kraft ..."

In einer Kritik beschäftigt sich G.Th.Fechner mit den Stärken und Schwächen des Werkes.[332] So hebt er die Diskrepanz zwischen der Inschrift und der tatsächlichen Beschaffenheit des Brunnens hervor. Er weist darauf hin, daß die Wasserstrahlen in alle möglichen Richtungen und vor allem nach unten gesprüht werden, niemals aber "zum Himmel streben". Er führt weiter einige eigene mögliche Inschriften an, von denen eine die Ikonographie des Brunnens gut zum Ausdruck bringt: "Das Wasser, was vom Himmel kam, treibt unten sein vergnüglich Spiel; der Obelisk weist nach dem Ziel, woher es seinen Ursprung nahm, so mag bei allem ird'schen Treiben das höchste Ziel im Auge bleiben."[333]

HERLEITUNG

Formal leitet sich der Brunnen hauptsächlich von Berninis Vierströmebrunnen her.[334] Die Herleitung ergibt sich aus der Verwendung des Obelisken und des Felsgesteins, das hier jedoch nicht so stark wie in Rom ins Auge fällt. In Leipzig dient der Obelisk nicht nur programmatischen, sondern auch architektonischen Überlegungen: er hebt den Brunnen in seiner Höhe gegenüber dem Museumsbau hervor. Die Akzentuierung eines Platzes durch die Höhenwirkung des Obelisken ist gewiß auch in Rom nicht zufällig. In Leipzig nimmt der Brunnen

Bezug auf ein einzelnes, bestimmtes Gebäude, dem er im Stil angepaßt ist. Die ikonographische Schwäche des Brunnens führt zu der Vermutung, daß hier formale Kriterien für die Verwendung des Obelisken ausschlaggebend waren.

Der Sockel, der den Obelisken trägt, ist seit der frühen Renaissance in dieser Form geläufig. Die zwanglose Anordnung der Figuren im Umfassungsbecken erinnert an die Fontana di Trevi.[335] In der Vielzahl der dargestellten Figuren übertrifft der Brunnen alle denkbaren Vorbilder bei weitem.

Die Verwendung des Obelisken auf dem Leipziger Brunnen hat wenig später Vorbildcharakter für andere Monumentalbrunnen gehabt. Bereits 1890 entstanden in Magdeburg und in Erfurt ebenfalls Obeliskenbrunnen (6,12). Auch bei diesen waren städtebauliche Erwägungen für die Wahl eines Obelisken als Bekrönung zumindest mit ausschlaggebend.

3.12 MAGDEBURG - HASSELBACHBRUNNEN (12)

BAUGESCHICHTE

Die Stadtverordneten-Versammlung von Magdeburg beschloß am 13.9.1883, den zwei Jahre zuvor verstorbenen Oberbürgermeister Hasselbach durch die Errichtung eines Monumentalbrunnens zu ehren. Hasselbach hatte sich um die Stadterweiterung verdient gemacht. Der Brunnen sollte an einem Platz an der Grenze zwischen Alt- und Neustadt aufgestellt werden, an der Kreuzung Ulrich- und Kaiserstraße.[336]

Im Oktober 1883 wurde ein Wettbewerb ausgeschrieben. Es wurde zur Bedingung gemacht, daß an dem Brunnen eine Büste oder ein Relief mit dem Portrait Hasselbachs angebracht werde, außerdem sollte eine Andeutung seiner Verdienste Eingang in das Programm finden.[337] Zu dem Wettbewerb gingen 83 oder 84 Entwürfe ein.[338] Den ersten Preis erhält das Modell "Plastik" des Bildhauers Karl Bergmeier, eines Schülers von Reinhold Begas aus Berlin, den zweiten Preis der Entwurf "Honoris causa" des Regierungsbaumeisters Hartung aus Berlin und den dritten Preis der Entwurf "Saxa loquuntur" des Regierungsbaumeisters Sarau und des Stadtbaumeisters Jähn aus Magdeburg. Außerdem befand sich ein Entwurf von Prof. Ewerbeck aus Aachen in der engeren Wahl.[339]

Gegen die Aufstellung des Brunnens auf dem vorgesehenen Platz regte sich jedoch bald Widerstand in der Bevölkerung. Man war der Meinung, daß an diesem Hauptverkehrspunkt der Brunnen nicht genügend zur Geltung komme. Ein näheres Herantreten an den Brunnen sei durch die Führung der Straßenbahn unmöglich. Es wurde schließlich auf dem Platz ein Brettergerüst von der Größe des Brunnens errichtet, um sich so die Größenverhältnisse besser vor Augen führen zu können. Gegen ein Gutachten von Prof. Ende, der sich für den Platz aussprach, erhob im November 1884 der Polizeipräsident aus verkehrstechnischen Gründen Einspruch. Daraufhin wurde der Platz als Aufstellungsort endgültig verworfen.

Es wurden weitere Pläne ausgearbeitet, wo der Brunnen statt dessen aufzustellen sei. Schließlich beschloß man, den Brunnen statt an den Anfangspunkt der Stadterweiterung an deren Abschlußpunkt zu stellen, an die damals "Gabelung" genannte Kreuzung der Straßen Breiter Weg, Stern-, Kaiser- und Tauentzienstraße. Der Platz wurde daraufhin "Hasselbach-Platz" genannt.

Auf der Grundlage einer Skizze des Stadtbaumeisters Peters, der mit der Findung des neuen Aufstellungsortes beauftragt gewesen war, fertigte der Bildhauer Hundrieser aus Charlottenburg ein neues Modell an. Am 22.9.1887 genehmigte die Stadtverordneten-Versammlung die Aufstellung des Brunnens an dieser Stelle, bestand aber auf der Ausführung durch Bergmeier. Dieser veränderte sein Modell so, daß es sich den neuen Platzgegebenheiten anpaßte, wobei die dreieckige Grundform durch eine viereckige ersetzt wurde. Lediglich das Portrait Bürgermeister Hasselbachs wurde von Hundrieser ausgeführt. Bergmeier leitete die künstlerische Ausführung sowie Aufstellung und letzte Überarbeitung selbst. Im Herbst 1890 war der Brunnen fertig, die Aufstellung verzögerte sich wegen Problemen mit der Wasserleitung und witterungsbedingter Schwierigkeiten bis zum 30.11.1890. An diesem Tag wurde der Brunnen enthüllt, allerdings konnte das Wasser noch nicht fließen.[340]

Doch auch der neue Standort war vor dem immer stärker werdenden Verkehr nicht geschützt. Nach und nach entwickelte er sich zum Hauptknotenpunkt für die Straßenbahn, so daß der Brunnen im Jahre 1927 entfernt werden mußte. Er ist heute auf dem Haydnplatz aufgestellt.[341] Ein zwei Meter hohes vergoldetes Metallornament, das den Hasselbach-Platz mit elektrischem Licht versorgen sollte,[342] wurde wahrscheinlich bei der Neuaufstellung entfernt.

BESCHREIBUNG

H. 13,25 m, Ø 10 m (Becken), Sandstein, Granit, Bronze

Der Hasselbachbrunnen (Abb. 34) steht heute in einer Grünanlage. Der ursprüngliche Standort, für den der Brunnen konzipiert war, brachte völlig andere Voraussetzungen mit sich. Der Hasselbach-Platz liegt im Stadtzentrum, fünf Straßen laufen auf ihn zu. Der Brunnen war mit seiner Hauptansichtsseite auf die Achse des Breiten Weges ausgerichtet, während sich für die anderen Straßeneinmündungen keine entsprechenden Ausrichtungen ergaben, da sich diese nicht gleichmäßig kreuzten. Die den Platz umgebenden Häuser waren mit mehr als zwanzig Metern höher als der Brunnen. Stadtbaumeister Peters, der selbst die erste Skizze für diesen Aufstellungsort angefertigt hatte, meint, daß der Obelisk in Anbetracht der Häuserhöhe wohl hätte höher sein dürfen, damit der Brunnen besser zur Geltung komme, andererseits wären damit die Proportionen gestört.[343] Andere Zeitgenossen empfinden die Höhe als ausreichend: "Trotz der umgebenden hochragenden Häusermassen wirkt das Werk nicht kleinlich, und wird durch dieselben nicht gedrückt".[344]

Der Brunnen war ursprünglich in der Mitte des Platzes auf einer runden Verkehrsinsel aufgestellt. Er setzt sich aus zwei architektonischen Hauptteilen zusammen, dem geschmückten Unterbau, an dessen Ecken die großen Figuren angebracht sind, und dem schlichten Obelisken als Bekrönung.

Der Brunnenstock mit seiner rechteckigen Grundform ist von einem runden Wasserbecken umgeben. Zu diesem führen zwei achteckige Stufen hinauf. Den Ecken des Unterbaus sind vier Podeste vorgeblendet, auf denen zwei männliche und zwei weibliche Figuren sitzen, eine Frau mit Buch, ein Schmied, eine Frau mit Blumen und Früchten und ein in die Ferne schauender Jüngling. Zwischen den Figurensockeln sind an den Seiten des Postamentes halbkreisförmige Wasserbecken angesetzt, über den Becken wasserspeiende Löwenmasken. Das Postament selbst ist an der Hauptansichtsseite mit dem Medaillonbild Hasselbachs geschmückt, das von Kränzen eingerahmt wird. Auf der Rückseite befindet sich die Inschrift: "Ihrem hochverdienten Ober-Bürgermeister Hasselbach die Stadt Magdeburg. Errichtet 1890."[345] An den Seitenfeldern sind die Wappen Preußens und Magdeburgs angebracht, über diesem in Inschrift: "Gottes Wort bleibt in Ewigkeit".[346] Den Ecken des Postaments sind mit Früchteornamenten geschmückte Pilaster vorgeblendet. Diese tragen ein über den Seitenflächen volutenartig ausgebildetes Gesims, auf dem vier Delphine liegen. Diese stützen mit ihren Schwänzen ein weiteres, einfaches Gesims, auf dem mit einem kurzen Sockel der quadratische Obelisk aufsetzt.

Das Wasser wird von den Löwenmasken in die halbrunden Becken gegeben. Aus diesen fällt es in breiter Fläche in das runde Umfassungsbassin. Die Delphine sind keine Wasserspeier, sondern lediglich wie solche ausgebildet.

IKONOGRAPHIE

Zwei Elemente tragen die ikonographische Bedeutung des Brunnens: der Obelisk und die vier allegorischen Eckfiguren.

Auf die Bedeutungsentwicklung des Obelisken wurde bereits eingegangen.[347] Der Leipziger Mendebrunnen, dessen Entstehungszeit in die Jahre 1882 - 1886 fällt, greift diese Form als erster der hier angeführten Brunnen wieder auf.[348] Auf dem Mendebrunnen erhebt sich der Obelisk über plastische Figuren, die allegorisch mit der Funktion des Wassers in Beziehung stehen. Durch die Wahl der Figuren und ebenso durch das lebhafte Sprühen des Wassers wird dort das Element verherrlicht. Der Hasselbachbrunnen weist dem Wasser bereits durch dessen begrenztes Fließen eine untergeordnete Funktion zu. Vor allem aber wird in der Bedeutung der Eckfiguren deutlich, daß hier ein ganz anderer Inhalt zum Ausdruck gebracht werden soll.

Die Figuren stellen die Errungenschaften der Stadt dar: Wissenschaft, Industrie, Handel und Landwirtschaft. Zwischen den

Figuren und dem Obelisken, genau in dessen Achse, sind das Portrait Hasselbachs, die sich auf ihn beziehende Widmung und die beiden Wappen eingefügt. Die Errungenschaften der Stadt werden durch den Obelisken unter Vermittlung Hasselbachs, Magdeburgs und Preußens verherrlicht. Hasselbach steht an erster Stelle - ihm ist der Brunnen gewidmet, auf ihn wird auf der Haupt- und auf der Rückseite Bezug genommen. Die Stadt Magdeburg ist letzlich identisch mit den plastischen Figuren, ein Hinweis auf Preußen tritt nur am Rande auf.

HERLEITUNG

Durch die Verwendung des Obelisken als Bekrönung ist zunächst eine äußere Beziehung zu Berninis Vierströmebrunnen hergestellt. Diese Verwandtschaft bezieht sich jedoch nur auf den Obelisken. Der naturalistische Unterbau des Vierströmebrunnens wird in Magdeburg nicht übernommen.

Das vierkantige pfeilerartige Sockelgeschoß wurzelt in der deutschen Tradition. Seit der Renaissance dienen solche Sockel als Unterbau für Bekrönungsfiguren. Der Augsburger Merkurbrunnen und der Frankfurter Justitiabrunnen weisen ähnliche Formen wie der Hasselbachbrunnen auf.[349]

Eine Vorstufe für die Verwendung des Obelisken ist in den Pfostenbrunnen des 18. Jhs. zu sehen. Diese sind aus Nutzbrunnen mit Trog entstanden, bei denen das Wasser aus einem freistehenden Brunnenstock floß. Durch das Zurückdrängen der Viehwirtschaft im 18. Jh. verschwindet der Trog weitgehend, der Brunnenstock wird künstlerisch ausgeformt, bis er unter Beibehaltung der Pfostenform zu einem reinen Zierbrunnen wird.[350] In Hanau setzt bei einem solchen Pfostenbrunnen eine Säule auf dem vierkantigen Unterbau auf.[351]

In den Magdeburger Brunnen fließen Elemente aller dieser verschiedenen Brunnenformen ein, die sich gegenseitig durchdringen: der Obelisk ist zwar in seiner endgültigen Form bei dem

Vierströmebrunnen bereits vorhanden, kann aber auch als Weiterentwicklung des deutschen Pfostenbrunnens verstanden werden, in dem er sich mit der viereckigen Form des Sockelgeschosses verbindet. Der Unterbau stammt aus der Tradition deutscher Monumentalbrunnen, er vereinigt sich, in der Zierform des Pfostenbrunnens, mit der Säulenbekrönung.

3.13 MANNHEIM - SCHLOSSBRUNNEN (13a, 13b)

BAUGESCHICHTE

Die beiden Brunnen im Mannheimer Schloßhof waren Stiftungen des Stadtrates Bernhard Herschel. Herschel spendete der Stadt am 6.9.1890 aus Anlaß seiner silbernen Hochzeit, 25jährigen badischen Staatsangehörigkeit und Bürgerrecht in der Stadt Mannheim eine Summe von 50 000 Mark. Das Geld sollte zur "Ausschmückung des Schloßplatzes durch Springbrunnen"[352] verwendet werden. Nach Fertigstellung des Kaiser-Wilhelm-Denkmals auf dem Schloßhof durch den Bildhauer Gustav Eberlein beauftragte der Stifter im Oktober 1894 denselben Künstler mit der Herstellung von Brunnenentwürfen.[353] Nachdem die Einwilligung der städtischen Behörden und des Großherzogs eingeholt worden war, begann Eberlein im Sommer 1898 mit der Ausführung der Brunnen. Die Kosten, die sich während der Bauzeit auf 90 942 Mark erhöht hatten, wurden sämtlich von dem Stifter getragen.

Am 12.11.1998 wurden die Brunnen von den städtischen Behörden abgenommen. Eine Enthüllungsfeier fand auf Verlangen des Stifters nicht statt.[354] Der Wunsch der Mannheimer Zeitung "Generalanzeiger" zur Inbetriebnahme der Brunnen: "Möchten die beiden Werke eine rühmliche Zierde Mannheims, ein Monument seines hohen Aufschwungs und des edlen Sinnes seiner Bürger in unserer Zeit durch die Jahrhunderte bilden,"[355] sollte sich jedoch nicht erfüllen. Im April 1940 wurden die Brunnen demontiert und im Rahmen einer Metallspende eingeschmolzen.[356]

BESCHREIBUNG

H. 4,7o m, Ø 12,oo m (Becken), Bronze, Granit

Die beiden Brunnen (35 und 37) standen im Mannheimer Schloßhof. Da die Brunnen heute zerstört sind und der Schloßhof umgestaltet ist, geht die Beschreibung von zeitgenössischen Photographien und Berichten aus. Die Brunnen flankierten das Kaiserdenkmal , das ebenfalls von Eberlein stammt, auf welches sie formal und ikonographisch Bezug nehmen. Es handelt sich um zwei Schalenbrunnen. Die Sockel, die Felsen nachgebildet sind, tragen je eine bekrönende Muschelschale und sind von verschiedenen Figurengruppen umgeben. Die äußere Umfassung beider Brunnen bildet je ein rundes, flaches Granitbecken. In der Mitte des Beckens setzt der bronzene Brunnenkern auf. Dem nachgebildeten Felsen sind drei bzw. vier Figuren appliziert, die die naturalistisch gearbeitete Muschel stützen.

Rechter Brunnen (13a)

An dem Brunnen rechts des Kaiserdenkmals (Abb. 35 und 36) sind drei vollplastische Figuren um den Sockel gruppiert: ein Kentaur mit Schwimmflossen und zwei Frauen. Die eine Frau hält eine geschmückte Krone in die Höhe, ihr Blick ist nach unten gerichtet, wo am Fuße des Felsens weitere Schätze zu erkennen sind. Die andere Frau blickt ebenfalls in die Tiefe. Sie stützt sich auf dem Rücken des Kentauren und an der Muschel ab, als ob sie im Begriff ist, wieder in die Tiefe zu tauchen. Sämtliche Figuren sind überlebensgroß.

Linker Brunnen (13b)

Um den Brunnensockel links des Denkmals (Abb. 37 und 38) sind vier Figuren gruppiert, ein Mann, zwei Frauen und ein Junge. Der Mann trägt die Muschelschale auf seinen Schultern. Mit seinem rechten Arm stützt er sie ab, mit dem linken hält er ein Fischernetz, dem Fische und Hummer entschlüpfen. Sein rechtes Bein steht auf einem Ährenbündel. Ihm folgt eine Frau, die Weintrauben darbietet. Die andere Frau hält einen Kamm in der linken und eine Lyra in der rechten Hand. An dem Instrument hält sich ein kleiner Junge fest, der mit seiner rechten Hand in die Saiten greift. Sein Haar ist mit Weinlaub **bekränzt.**

Das Wasser sprudelt bei beiden Brunnen aus der Muschel empor und fällt von dort über den Rand in das Umfassungsbecken. Die Figurengruppen werden durch das herabfallende Wasser verschleiert.

IKONOGRAPHIE

Durch den Wasserschleier ist bereits angedeutet, daß sich das Dargestellte im Wasser oder am Ufer des Wassers abspielt. Die Figuren klammern sich etwas mühsam an den Felsen, die Standmotive sind unsicher, wie bei Personen, die auf schlüpfrigem Felsen aufpassen müssen, nicht abzugleiten. Die Felsen sollen in ihrem unteren Teil den Grund des Wassers darstellen und mit ihrem oberen Teil über die Wasserfläche ragen.

Beide Brunnen bilden Allegorien auf den Rhein. Der rechte Brunnen läßt auf dem "Grund" des Flusses Teile des Nibelungenschatzes erkennen. Die Rheintöchter sind damit beschäftigt, den Schatz zu bergen. Die eine hält bereits die deutsche Kaiserkrone in Händen, die andere macht sich bereit, in die Tiefe hinabzutauchen.

Der andere Brunnen verkörpert den "Segen des Rheinstroms".[357] Der Mann symbolisiert die Arbeit, der als Attribute Fischernetz und Ährenbündel als Symbole für Fischfang und Landwirtschaft beigegeben sind. Die Frau neben ihm hält Weintrauben als Zeichen für einen weiteren Erwerbszweig an den Ufern des Flusses, den Weinanbau, in Händen. Die Kunst wird schließlich von den beiden weiteren Figuren verkörpert. Die Loreley ist mit Kamm und Lyra dargestellt, der kleine Junge, der in die Saiten greift, verkörpert, gleichsam als Ableger der "großen" Kunst, das rheinische Lied.[358]

Die Brunnen stellen eine Verbindung zwischen Kaisertum und Stadt her. Nicht nur formal, auch inhaltlich sind sie in Zusammenhang mit dem Kaiserdenkmal zu sehen. Der Brunnen rechts des Denkmals verweist mit der Bergung der deutschen Kaiserkrone aus dem Nibelungenhort auf die Reichstradition. Der andere Brunnen ist der Stadt zugeordnet. Erst durch eigene Arbeit setzt sich die Stadt in die Lage, die Reichtümer, die der Rhein beinhaltet, gewinnbringend zu nutzen. "Die Arbeit Mannheims ist es, welche jener Segen eigentlich trägt."[359] Wenn man den Rhein - in seiner Eigenschaft als Hüter des Nibelungenschatzes, der Kaiserkrone und Reichsschwert beinhaltet - als Symbol für das Deutsche Reich und Kaisertum sieht, so weisen die Brunnen auf das fruchtbare Zusammenwirken von Stadt und Reich hin.

HERLEITUNG

Zur formalen Herleitung der beiden Brunnen seien die Dresdner Brunnen "Stilles Wasser" und "Stürmische Wogen" herangezogen (1880 - 1894).[360] Auch in Dresden stand der Künstler vor der Aufgabe, zwei Brunnen als Pendants zu gestalten. Die Beckenform war bereits vorgegeben. Die Mannheimer Brunnen knüpfen in der Form und zum Teil auch inhaltlich an diese Brunnen an, deren Entstehung in der Fachpresse starke Beachtung gefunden hatte. Wie dort, so werden auch hier die Brunnen von flachen, runden Becken umfaßt, das Wasser entspringt aus einer oberen Schale, deren Sockel von Figurengruppen umgeben ist. Der Wasserschleier, der über die Figuren fällt, versetzt diese in direkte Beziehung zum Element. Der Grund des Wassers wird durch Attribute, dort durch kleine Meerestiere, hier durch den Nibelungenschatz, durch Fisch und Hummer angedeutet.

Abgesehen von dieser Anordnung weisen die Brunnen jedoch starke Unterschiede auf. Stilistisch zeugen die Dresdner Brunnen von einer ruhigeren, klassizistischen Auffassung. In Mannheim wird der runde kannelierte Sockel durch naturalistisches Felsgestein, die schlichte Schale durch eine gewellte, rauhe Muschel ersetzt. Während in Dresden die Figuren auf einem Vorsprung um den Schaft herum angeordnet sind, klammern sie sich in Mannheim an den abschüssigen Felsen. Die Festigkeit des Standmotivs geht verloren. Die Brunnen sind in naturalistischer Art gestaltet.

3.14 MÜNCHEN - WITTELSBACHERBRUNNEN (14)

BAUGESCHICHTE

Der Gedanke, auf dem heutigen Lenbachplatz, dem früheren Maximiliansplatz, einen Brunnen zu errichten, hatte hauptsächlich städtebauliche Gründe. Der Platz hatte früher unter dem Namen Dultplatz dazu gedient, die Bretterbuden der "Dult", einer Art Verkaufs- und Jahrmarkt, für einige Wochen im Jahr aufzunehmen. Ansonsten lag das Gelände brach. Mit dem allgemeinen Wachsen der Stadt wurden auf dem nun in Maximiliansplatz umgenannten Gelände Gartenbauanlagen geschaffen.[361] Ein Abschluß für diese Anlagen zu den Verkehrsstraßen wurde nötig, zum Gedächtnis an die gerade fertiggestellte städtische Wasserversorgung entschloß sich die Stadtgemeinde zu einem Brunnen.

Zum 1.6.1889 wird eine Konkurrenz ausgeschrieben, an der sich vierzehn Künstler beteiligen.[362] Die Konkurrenz wendet sich ausschließlich an Münchner Künstler.[363] Sechs Entwürfe werden prämiiert, sie erfüllen jedoch alle nicht die Vorstellungen der Jury. Die sechs Künstler, die diese Entwürfe vorgelegt haben, werden zum 18.4.1890 zu einer erneuten Konkurrenz aufgefordert. Als Sieger geht der Entwurf des Bildhauers Wilhelm Rümann und des Architekten Friedrich Thiersch hervor, der jedoch noch stark verändert werden müßte.[363a]

Während die Konkurrenzen insgesamt einen unbefriedigenden Ausgang nehmen, erarbeitet auch Adolf von Hildebrand, der der Jury angehört, einen eigenen Entwurf für den Brunnen. Hildebrand lebte damals in Florenz. Als Jury-Mitglied und Nicht-

Münchner hatte er nicht an der öffentlichen Konkurrenz teilnehmen können. Unter dem Eindruck der unzulänglichen Konkurrenz-Modelle sprechen sich Mitglieder des Magistrates und der Gemeindeversammlung dafür aus, Hildebrand dennoch mit der Ausführung zu beauftragen. Im Mai 1890 wird er aufgefordert, ein Modell seines Entwurfes herzustellen.[364] Das Modell wird öffentlich ausgestellt, was die Zeitschrift "Die Kunst für Alle" zum Anlaß nimmt, gegen die Vorgehensweise der Behörden scharf zu protestieren: "Es ist aber sehr bedauerlich, daß der Münchner Magistrat der doch wahrlich hochachtbaren Münchner Bildhauerschule bei dieser Gelegenheit ohne allen zureichenden Grund ein sehr auffälliges Mißtrauensvotum zuziehen zu müssen sich in die Lage gebracht hat. Daß dasselbe aber jetzt, wie es scheint, auch noch verewigt werden soll, macht die Sache nicht besser."[365] Dennoch wird der Vertrag mit Hildebrand nach langen Verhandlungen im Juni 1891 von allen Beteiligten unterzeichnet.[366] Die "Deutsche Bauzeitung" beklagt in ihrem Bericht über den Brunnen von 1897: "freilich steht ein solches Verhalten im stärksten Widerspruch zu den für öffentliche Konkurrenzen giltigen Grundsätzen", sieht dieses Vorgehen aber durch das Ergebnis gerechtfertigt.[367]

Im Sommer 1891 nimmt Hildebrand die Herstellung der Modelle für die großen Figuren in Angriff,[368] der Bau selbst beginnt Anfang 1893. Hildebrand führt alle figürlichen und ornamentalen Arbeiten selbst aus und überwacht zusammen mit Bauamtmann Eggers vom Stadtbauamt die übrigen Arbeiten. Die Steinmetzarbeiten werden von der Münchner Firma Zwisler & Baumeister ausgeführt. Der Brunnen wird 1895 fertiggestellt und am 12.Juni durch den Prinzregenten Luitpold eingeweiht, der ihm bei diesem Anlaß den Namen "Wittelsbacherbrunnen"gibt.[369]

Der Brunnen ist bis heute weitgehend in seiner ursprünglichen Form erhalten, bis auf die linke Plastik, die nach ihrer Zerstörung im Zweiten Weltkrieg von Theodor Georgii ersetzt wurde.[370]

BESCHREIBUNG

H. 3 m, 4 m (Figuren), Br. 25 m, Muschelkalk, Marmor, Bronze

Die formale Konzeption des Brunnens nimmt mit ihrer Betonung der Breitenwirkung auf den Aufstellungsort Rücksicht (Abb. 39) . Der Brunnen teilt Platz und Gartenanlage. Durch seine geringe Höhe entgeht er einer Konkurrenzsituation mit den hohen Häusern zu beiden Seiten.

Die Grundform des Brunnens ist ein eingezogener Halbkreis mit rechteckig ausladenden Seiten. Der Halbkreis ist auf der Platzseite ausgewölbt, auf der Anlagenseite eingezogen. In einem flachen Umfassungsbecken liegt das als Brunnenwand geformte Hauptbassin, in dessen Mitte sich ein kleiner Schalenbrunnen erhebt. Die ausladenden Seiten des Hauptbassins bilden die Sockel für zwei zur Mitte gewandte Figurengruppen.

Das Hauptbassin ist in seiner vorderen Wand der hinteren gegenüber erhöht, um den Niveauunterschied des Standorts auszugleichen. Die vordere Wand (Abb. 39) wird an ihrer dem Platz zugewandten Außenseite durch Nischen und Pilaster gebildet. In den Nischen sind wasserspeiende Tiermasken angebracht, die Pilaster sind mit Fischreliefs geschmückt. An den Innenseiten sind über runden Öffnungen Fischmasken angebracht.

Die Figurensockel ruhen auf naturalistischem Felsgestein, das sich innerhalb des Umfassungsbeckens befindet. Die vom Lenbachplatz aus gesehen linke Gruppe (Abb. 40) wird durch ein Pferd mit Fischschwanz und seinem Reiter gebildet, der mit einer über die Schulter gehobenen Muschel zum Wurf ansetzt. Die rechte Gruppe (Abb. 41) besteht aus einem fischschwänzigen Stier und einer Frau, die, in der Hand eine kleine Schale, das Tier reitet.

Der Schalenbrunnen (Abb. 39) wird aus einem knaufartigen Sockel und zwei elliptischen Bronzeschalen gebildet. Der

Sockel ist mit den Wappen der vier bayrischen Stämme und mit zwei männlichen und zwei weiblichen Masken geschmückt. Über den Masken verläuft ein Schriftband, auf dessen Vorderseite der Name "Wittelsbacherbrunnen" und auf dessen Rückseite die Jahreszahl "1895" in römischen Ziffern geschrieben steht. Auf einem weiteren Band unterhalb der Masken befindet sich eine nur noch teilweise lesbare Inschrift: "Zur Erinnerung an die Vollendung der städtischen Wasserversorgung aus dem Mangfallthale."[371]

Der Schalenbrunnen bildet den Ausgangspunkt des Wasserverlaufs. Das Wasser sprudelt in einer kleinen Fontäne aus der oberen Schale in die Höhe, fällt auf dieselbe Schale zurück und über ihren Rand weiter in die untere. Von dieser fällt es über den Rand in das Hauptbassin. Aus Öffnungen in den Figurensockeln springen zwei Wasserbögen in Richtung des Schalenbrunnens. Auf der Rückseite des Brunnens sprudeln zwei kleine Fontänen. An der Vorderseite wird das Wasser von den Öffnungen, die sich unter den Fischköpfen an der Innenseite befinden, durch die Wand gesogen.[372] Die Wasserspeier an der Außenseite geben es in das untere Bassin ab.

IKONOGRAPHIE

Um der ikonographischen Bedeutung des Brunnens näherzukommen, seien zunächst Hildebrands eigene Äußerungen, die auf dieses Werk Bezug nehmen, wiedergegeben.

Über die Hauptfiguren, den Mann auf dem Pferd und die Frau auf dem Stier, sagt Hildebrand: "Die seitlichen Sockel tragen Kolossalgruppen, in denen sich die zerstörende und die fruchtbringende Kraft des Wassers darstellt. Jene ist durch einen Mann symbolisiert...es ist das Gebirgswasser gemeint, welches das Geröll mit sich führt; diese durch ein Weib... der das Land befruchtende Strom."[373] Diese Erklärung Hildebrands führt Deutungen ad absurdum, die anläßlich der Ausstellung der Modelle gegeben wurden, wie "Europa auf dem Stier" und "Triton"[374] oder "Kraft und Schnelligkeit des Wassers".[375] Später gibt besonders die kleine Schale der weiblichen Figur Anlaß zu weiteren Interpretationen. So wird das Bedeutungspaar "Gebirgsstrom"/"Regen" assoziiert, aber auch das weitergehende und, bezogen auf den Anlaß des Brunnenbaus, durchaus sinnvolle Paar "geröllführende Isar"/ "typhusbändigende Quellenleitung".[376] Heilmeyer führt in seiner Publikation über Hildebrand von 1902 nur noch die Bedeutung "Gebirgsstrom"/"Regen" an,[377] wobei die Gleichsetzung von "Regen" und "dem das Land befruchtenden Strom"[378] problematisch scheint.

Zu den anderen bildlichen Darstellungen, den vier Masken auf dem Schalensockel, führt Hildebrand lediglich aus, daß sie die elementaren Stimmungen des Wassers zum Ausdruck bringen sollen.[379] Heilmeyer deutet diese Stimmungen weiter als "zeugende Urkraft,...wohlige Lust,...kalter Schauer...und todbringende Tiefe".[380] Schricker führt die Bedeutung weiter aus, als "...den gewaltthätigen Humor des alten tosenden Wassermanns, den jünglinghaft-fröhlichen Sprudel der Quelle, die Schreckhaftigkeit der todbringenden Tiefe, die Sirenenlockung des wohligen Wassers."[381] Die Masken mögen durch diese Wortwahl übertrieben interpretiert sein, sicher ist, daß hier ikonographisch die Versinnbildlichung des Wassers in seinen verschiedenen Formen im Vordergrund steht.

Auf die Glorifizierung des Wassers weist auch der Münchner Bürgermeister Borscht als Festredner der Enthüllungsfeier hin, vermutlich in Absprache mit dem Künstler: "Die Frauengestalt...hebt die Schale empor zum Hinweis auf die Bedeutung des Wassers als Quelle alles Lebens und Blühens."[382] Die gleiche moralisierende Ikonographie kommt bereits im Leipziger Mendebrunnen (11) zum Ausdruck, wo sie durch den Vers von Heyse - der vorwiegend in München gearbeitet hat - in Worte gekleidet wird.[383]

Das einzige nicht dem Wasser zugeordnete Element befindet sich am Schalensockel: die Wappen der bayrischen Stämme. Durch die Wappen wird das Wittelsbacher Herrscherhaus geehrt, das dem Brunnen seinen Namen gab.

HERLEITUNG

Die einzelnen Elemente des Brunnens, Schalenbrunnen, Figurengruppen und Beckenwand haben, für sich genommen, zahlreiche Vorbilder. So könnte der Dreizehnröhren-Brunnen in Ancona ein mögliches Vorbild für die Brunnenwand sein.[384]
Der kleine Schalenbrunnen in der Mitte taucht in dieser Form in zahlreichen italienischen Renaissance- und Barockbrunnen auf.

Für jedes Element lassen sich, einzeln gesehen, einige Vorbilder finden, es ist jedes fest in der Tradition des Brunnenbaus verwurzelt. Durch die Kombination der einzelnen Elemente miteinander erhält das Werk einen eigenständigen Charakter. Die Eigenständigkeit kommt besonders in der durchdachten Verbindung der Einzelelemente durch die Einfügung der Wasserbögen zum Ausdruck. Die städtebaulichen Schwierigkeiten werden durch eine neue formale Konzeption gelöst.

3.15 NÜRNBERG - EISENBAHNBRUNNEN (15)

BAUGESCHICHTE

Die Grundsteinlegung des Brunnens fand im Jahre 1885 statt, an dem Tag des fünfzigjährigen Bestehens der ersten deutschen Eisenbahnlinie von Nürnberg nach Fürth.[385] Der Brunnen wurde hauptsächlich vom Königreich Bayern finanziert, das 30 000 Mark für den Bau spendete. Weitere Spenden kamen von der Ludwigs-Eisenbahngesellschaft, einem Vorstadtverein, einer Bürgerinitiative, einem ungenannten Kunstfreund und von einzelnen Bürgern. Das Königreich Bayern stellte die Bedingung, daß ein Wettbewerb für alle bayrischen Künstler ausgeschrieben werden sollte. Dem wurde im Jahre 1886 entsprochen. Aus dem Wettbewerb ging der Nürnberger Bildhauer Heinrich Schwabe als Sieger hervor, womit gleichzeitig die Bedingung des unbekannten Kunstfreundes - daß die Ausführung einem Nürnberger Bildhauer übertragen werden solle - erfüllt wurde. Den zweiten Preis erhielt Bildhauer Dennerlein aus München, den dritten Friedrich Wanderer aus Nürnberg.[386]

Erst im Juni 1890 wurde mit den Fundamentierungsarbeiten begonnen. Von diesem Zeitpunkt an gingen die weiteren Arbeiten schnell vonstatten, so daß der Brunnen am 16.10.1890 eingeweiht werden konnte.[387]

Aus verkehrstechnischen Gründen mußte der Brunnen später zweimal seinen Standort wechseln. Zunächst wurde er von seinem ursprünglichen Aufstellungsort, dem Plärrer, 1927 an die Stadtgrenze versetzt. 1966 erhielt er seinen vorläufig letzten Standort auf einer Rasenfläche nördlich der Fürther Straße. Seitdem funktioniert er nicht mehr als Brunnen, seine Schalen wurden entfernt.[388]

BESCHREIBUNG

H. ca. 12 m, Granit, Bronze

Der Brunnen befand sich ursprünglich auf dem Plärrer, einem weiten Platz in der Nähe des Bahnhofs. Der Platz war von einigen, nicht besonders hohen Häusern umgeben. Der Brunnen war auf einer Verkehrsinsel in der Mitte des Platzes aufgestellt. Er war zwar auf Rundumansicht ausgelegt, die Seite, die dem Bahnhof zugewandt war, kann jedoch wegen der Ausrichtung der Bekrönung als Vorderseite bezeichnet werden.

Der architektonische Kern des Brunnens ist aus Granit, Figuren und Reliefs sind aus Bronze gearbeitet. Der Brunnen ist pyramidal aufgebaut. Den Hauptteil bildet ein gedrungener Obelisk, der von zwei überlebensgroßen, plastischen Figuren flankiert wird. Von einer dritten, kleineren Figur wird der Obelisk bekrönt.

An seinem ursprünglichen Standort stand der Brunnen auf einem dreistufigen Treppenunterbau, der heute auf zwei Stufen (Abb.42) reduziert ist. Die Grundform des Brunnens ist quadratisch, an zwei Seiten des Sockels schließen sich halbovale Podeste an. Der Sockel gliedert sich in zwei Zonen, eine untere, der das Wasser zugeordnet ist,und eine obere, die zwischen Unterbau und Obelisk vermittelt und die fast das gesamte Bildprogramm beinhaltet. Der Vorder- und Rückseite der unteren Zone waren ursprünglich halbrunde Wasserbecken vorgelagert, die heute entfernt sind. Darüber sind wasserspeiende Masken zwischen Ährenbündeln angebracht.

Die zweite Zone trägt an Vorder- und Rückseite Relieftafeln. Auf der vorderen Seite ist dargestellt, wie sich die erste Eisenbahn vom festlich geschmückten Bahnhof aus unter Anteilnahme der jubelnden Bevölkerung in Bewegung setzt. Das Relief auf der Rückseite zeigt den Verkehr vor der Inbetriebnahme der Bahn: mit Postkutsche, Handwagen und zu Fuß zieht man die Straße entlang.

An den Seiten sitzen auf Podesten zwei vollplastische, bronzene Frauenfiguren in üppigen Gewändern (Abb.43 und 44). Durch Inschrift auf den Podesten sind sie als Personifikationen der Städte Nürnberg und Fürth gekennzeichnet. Jede von ihnen hält das entsprechende Stadtwappen im Arm. An den Seiten der Podeste sind kleine, lorbeerbekränzte Schilder angebracht, die die Namen "Scharrer", "Platner", "Denis" und "Bacumen" tragen. Es handelt sich hierbei um Personen, die sich um den Bahnbau verdient gemacht haben.[389]

Über der Bilderzone setzt der Obelisk auf. Auf seiner Vorderseite trägt er die Inschrift: "Unter König Ludwig I.

wurde die erste mit Dampf betriebene Eisenbahn Deutschlands eröffnet zwischen Nürnberg und Fürth, MDCCCXXXV".
Auf der Rückseite steht geschrieben: "Zum Gedächtnis an die Erbauung der ersten Eisenbahn in Deutschland, Nürnberg und Fürth, 1835".[390] Die Seitenfelder sind, wie auch Vorder- und Rückseite über ihren Inschriften, mit Früchten und Kränzen geschmückt, die Vorderseite außerdem mit einem Zahnrad, auf dem sich Spindel und Caduceus kreuzen.

Als Bekrönung steht auf einem Rad ein geflügelter Knabe mit Füllhorn und Früchtestrauß.

Das Wasser floß aus den Masken in die halbrunden Becken.

IKONOGRAPHIE

Auf die Inbetriebnahme der ersten Eisenbahn wird an verschiedenen Stellen des Brunnens hingewiesen: in den Inschriften auf dem Obelisken, in den beiden weiblichen Figuren, die die an dem Ereignis beteiligten Städte personifizieren, in den Reliefs, die den feierlichen Anlaß selbst und die überwundenen Unannehmlichkeiten darstellen, in den Namenstäfelchen auf den Podesten und nicht zuletzt in der Bekrönungsfigur.

Die Bekrönungsfigur wird als Merkur[391] oder als Genius des Verkehrs[392] gedeutet. Typologisch sind beide Deutungen möglich, inhaltlich ist eine Differenzierung nicht notwendig, weil auch Merkur hier als Gott des Verkehrs stehen würde.[393] Aus einem Füllhorn verteilt die Figur die reichen Gaben, die der Stadt durch verbesserte Verkehrsbedingungen zuteil geworden sind. An anderer Stelle, auf dem Obelisken, symbolisieren Zahnrad, Spindel und Caduceus sowie Früchtegebinde das Blühen der Stadt durch Industrie, Gewerbe und Handel. Die Glorifizierung wird durch den Obelisken ausgedrückt.

Auffällig ist die völlig untergeordnete Funktion des Wassers. Der Brunnen stand nicht einmal in seiner ursprünglichen Aufstellung in einem Umfassungsbecken. Der Denkmalcharakter war von Anfang an evident, die Wasserschalen waren nicht dominierend, sondern bloßes Beiwerk. So leidet das Werk auch nicht durch die Entfernung der Becken. Es wird dadurch lediglich dokumentiert, daß es sich nur der Funktion nach um einen Brunnen gehandelt hat. Das Programm nahm hierauf in keiner Weise Rücksicht, es ist einem Denkmal entsprechend konzipiert.

HERLEITUNG

Der Eisenbahnbrunnen läßt sich aufgrund seines ausgeprägten Denkmalcharakters nicht mehr mit älteren Obeliskenbrunnen vergleichen. Er steht ganz in der neuentstandenen Form des "reduzierten" Brunnens.Besonders die Verwendung des Obelisken scheint zu dieser Reduzierung zu (ver)führen, möglicherweise,weil bei diesen Brunnen ohnehin häufig städtebauliche Schwierigkeiten, wie konkurrierende Häuserhöhen, einen entscheidenden Einfluß auf die Wahl der Architekturform gehabt haben. So wird schon in der Architektur der Funktion des Wassers kein entscheidender Einfluß mehr eingeräumt.

Die Denkmalhaftigkeit, die bereits im gleichzeitig entstandenen Hasselbachbrunnen in Magdeburg (12) evident war, wird hier zum beherrschenden Element. Der Brunnengedanke verkümmert zum Anhängsel.

3.16 WORMS - SIEGFRIEDBRUNNEN (16)

BAUGESCHICHTE

Der Siegfriedbrunnen sollte den Schlußpunkt in der Neugestaltung des Wormser Marktplatzes bilden. Rathauserweiterung und Bau des Cornelianums hatten dem Platz eine neue

Gestalt gegeben. 1906 stiftete Cornelius Freiherr Heyl von Herrnsheim das Cornelianum,[394] im gleichen Jahr plant derselbe Stifter, auf dem Marktplatz von Adolf von Hildebrand einen Brunnen errichten zu lassen.[395] Zu seinem siebzigsten Geburtstag gibt von Heyl die Stiftung bekannt. In der Schenkungsurkunde, die am 19.8.1913 in der Stadtverordnetenversammlung verlesen und angenommen wird, wird die Stadt als Bauherrin eingesetzt, Adolf von Hildebrand wird die Bauleitung übertragen.[396]

Nach Vorlage der Pläne durch Hildebrand kann sofort mit der Ausführung begonnen werden. Nachdem der Brunnen selbst im Frühjahr 1914 fertiggestellt ist, wird mit den Fundamentierungsarbeiten begonnen. Bei Kriegsausbruch werden die Arbeiten eingestellt. Der fertige Brunnen wird eingelagert und erst am 4.9.1921, nach dem Tode Hildebrands, enthüllt.[397]

BESCHREIBUNG

H. ca. 8 m, Muschelkalk

Der Siegfriedbrunnen steht auf dem Wormser Marktplatz an der Stelle, die in der Schenkungsurkunde als "auf dem durch den Civiltrauungsflügel entstandenen Eckplatz"[398] näher bezeichnet wird. Der Eckcharakter ist bis heute erhalten, wenn auch das Gebäude hinter dem Brunnen durch einen Neubau ersetzt ist, der in keiner Beziehung zu dem Werk steht.

Der Brunnen, dessen Wirkung hauptsächlich auf seiner Architektur beruht, ist in der Form eines Zentralbaus gehalten (Abb.45). Ein Teil des Brunnens ist in den Boden gesenkt. Die Wasseroberfläche befindet sich unter Straßenniveau. Die einzige plastische Ausschmückung ist die Bekrönungsfigur. Es ergibt sich eine architektonische Dreiteilung des Baus: Unterbau, der zur Hälfte unter Straßenniveau liegt, bekröntes Türmchen mit plastischer Figur und vermittelnder Zwischenteil.

Drei Stufen führen zu dem Wasserbecken hinab, in dessen Mitte auf einem siebeneckigen Sockel eine Säule ihren Anfang nimmt, die sich bis zur Bekrönung fortsetzt. Auf dem Rand des Beckens setzen sieben Pfeiler auf, die durch Bögen zu einem Siebeneck verbunden werden. Die Rundungen der Bögen liegen über dem Straßenniveau. Über den Bögen verläuft ein Gesims, das über den Pfeilern je eine Ausbuchtung aufweist. Zwischen zwei Ausbuchtungen befinden sich je zwei knaufartige Ausgüsse. Im Inneren ist das Gesims als Rinne gestaltet.

Sieben getreppte Bögen, die an den Ausbuchtungen ansetzen, bilden den Übergang von dem umlaufenden zu einem inneren Gesims, das die Mittelsäule umgibt. Auch dieses ist rinnenartig gebildet.

Die Säule endet in einem kleinen Türmchen, das sich aus einer Galerie mit sieben Säulen und einer siebeneckigen Haube zusammensetzt. Die Haube ist mit der Figur des Siegfried bekrönt. Siegfried ist mit einem Umhang bekleidet, mit seinem linken Fuß steht er auf dem Türmchen, seinen rechten Fuß setzt er auf den erlegten Drachen. Mit seiner linken Hand umfaßt er den Schwanz des Drachen, während sich die rechte auf ein Schwert stützt. Sein Blick ist in die Ferne gerichtet.

Das Wasser entspringt in einer kurzen Fontäne aus der Mittelsäule. Von dort fließt es über den Rand der Galerie in die innere Rinne und weiter über die Treppenstufen in die äußere. Durch die knaufartigen Ausgüsse ergießt es sich in langen, dünnen Strahlen in das Wasserbecken.

IKONOGRAPHIE

Wie schon bei dem figürlichen Schmuck am Cornelianum sind auch die Motive des Brunnens dem Nibelungenlied entnommen. In der rheinischen Reichsstadt Worms spielt sich ein großer Teil der Sage ab. Die Bekrönungsfigur stellt Jung-Siegfried als Drachentöter dar. Siegfried hatte einen Drachen getötet und in dessen Blut gebadet. Durch das Blut wurde er bis auf eine Stelle zwischen den Schultern, auf die ein Blatt gefallen war, unverletzbar.[399] Der Brunnen bezieht sich auf die historisch-mythologische Stadtgeschichte. Es wird hier jedoch nicht ein sagenhafter oder tatsächlicher Stadtgründer dargestellt (Erlangen, Hamburg-Hansabrunnen), sondern eine Person, die als Heldengestalt symbolisch für die höchste Blütezeit der Stadt steht. Der Siegfried erinnert als Typus an Darstellungen des Hl. Georg oder Roland. Wie diesen mag auch ihm die Rolle als Stadtbeschützer zugedacht sein.

Die historische Orientierung des Brunnens könnte auch dessen Versenkung in den Boden erklären. Durch das allmähliche Emporwachsen wird der Eindruck hervorgerufen, daß die glorreiche Vergangenheit der Stadt aus der Tiefe wiederaufersteht.

HERLEITUNG

Als Vorbilder für den Siegfriedbrunnen haben die romanischen Brunnen in Toscanella und Viterbo gedient. Hildebrand hat diese Brunnenanlagen eingehend studiert.[400] Das aus Galerie und Haube bestehende Türmchen weist eine starke Ähnlichkeit zu der Pfostenbekrönung der Fontana in Piano scarano in Viterbo auf.[401] Die Übernahme findet ausschließlich formal, nicht inhaltlich statt. Der sechseckige Grundriß des Türmchens in Viterbo und der bekrönende Pinienzapfen verweisen auf eine christliche Ikonographie. In Worms werden historische und konstruktionstechnische Aspekte betont. Zum siebeneckigen Wormser Grundriß schreibt Swarzenski: "... ist er in allen Teilen aus dem Siebeneck konstruiert, weil so in Rücksicht auf die Abmessung die beste Wirkung erzielt wurde."[402] Also verliert die Form gegenüber den alten Brunnen an ikonographischer Aussagekraft, die bei diesen in der Zahlensymbolik liegt, und wird zum rein technischen Faktor.

3.17 WÜRZBURG - FRANKONIABRUNNEN (17)

BAUGESCHICHTE

Der Frankoniabrunnen auf dem Würzburger Residenzplatz entstand zur Ehrung für Prinzregent Luitpold, der am 12.3.1821 in der Würzburger Residenz geboren worden war. Anlaß für die Errichtung des Brunnens waren die Feierlichkeiten zum 70. Geburtstag des Prinzregenten, die 1891 in Würzburg stattfinden sollten. Auf Anregung des Regierungspräsidenten Graf von Luxburg wurde im November 1890 beschlossen, den Prinzregenten mit einnem Monumentalbrunnen zu ehren, dessen Grundsteinlegungsurkunde "unter Gewähr der Vollendung"[403] dem Jubilar am 12.1.1891 überreicht werden sollte. Für die Durchführung des Projektes wurde ein Komitee unter Vorsitz des Grafen von Luxburg gebildet.[404] Das für den Bau notwendige Kapital sollte durch Spenden aufgebracht werden. Im Dezember 1890 werden Spendenaufrufe in Würzburger Tageszeitungen veröffentlicht[405] und eine Sammlung von Haus zu Haus angekündigt.[406]

Das Komitee setzt sich mit dem Bildhauer Ferdinand von Miller in München in Verbindung, der eine Skizze für den Brunnen ausarbeitet. Von einem Preisausschreiben wird abgesehen, da der Brunnenentwurf bis zum Geburtstag des Prinzregenten fertiggestellt sein soll und eine Konkurrenz bis dahin nicht entschieden werden kann.[407]

Am 19.1.1891 wird eine von Miller angefertigte Schablone auf dem Residenzplatz probeweise aufgestellt.[408] Gegen die Aufstellung auf dem Residenzplatz erhebt sich öffentlicher Protest, der Brunnen wird als für den Platz zu klein empfunden. Als Alternative wird der Bahnhofsplatz vorgeschlagen.[409] Der Brunnen wird jedoch auf dem ursprünglich vorgesehenen Platz errichtet. Als geistiger Urheber wird Ferdinand von Miller bezeichnet, der auch die Bronzefiguren hergestellt hat. Die Architektur stammt von Gabriel Seidel, die steinernen Figurensockel und die Muscheln von H.J.Metzger, die große Brunnenschale, die Maurerarbeiten und die Fundamentierung von Baumeister Hofmann.[410] Am 3.6.1894 wird der Brunnen in Anwesenheit des Prinzregenten feierlich enthüllt.[411]

BESCHREIBUNG

H. 8 m, Ø 10 m (Becken), Stein, Bronze

Der Frankoniabrunnen steht auf dem Würzburger Residenzplatz, direkt vor dem Hauptportal der Residenz (Abb.46). Er ist ein Schalenbrunnen mit Sockel und Bekrönungsfigur. Vor dem Sockel sitzen drei vollplastische Figuren. Durch die Ausrichtung der Bekrönungsfigur ergibt sich eine Hauptansicht zum Platz hin, durch die umlaufende Anordnung der Sockelfiguren ist auch eine Rundumansicht möglich.

Der Brunnen steht in einem dreipaßförmigen Umfassungsbecken, zu dem zwei flache Stufen hinaufführen. In der Mitte des Beckens setzt ein Sockel von dreieckigem Grundriß auf. Den Ecken des Sockels sind Pfeiler vorgeblendet, die an ihrem oberen Teil mit glockenförmigen Ornamenten verziert sind. Die Seiten sind leicht gerundet. Der Sockel wird an seiner Oberkante durch ein Gesims begrenzt. Vor den Pfeilern setzen auf felsigem Untergrund Podeste aus Steinblöcken auf, auf jedem dieser Blöcke sitzt eine vollplastische, überlebensgroße Figur. Auf der rechten Seite der Bekrönung ist es eine männliche Figur, die durch eine Inschrift auf dem Block als "WALTHER V.D.VOGELWEIDE" bezeichnet wird (Abb. 47). Er ist mit übergeschlagenen Beinen dargestellt, der Kopf ist in die rechte Hand gestützt. Neben ihm liegt ein Schild, in der linken Hand hält er eine Laute. Er ist mit einem langen Gewand und einem Umhang bekleidet, auf dem Kopf trägt er einen Kranz. Die Figur links der Bekrönung wird auf dem Block als "TILMANN RIEMENSCHNEIDER" ausgewiesen (Abb. 48). Er sitzt hinter einem dreibeinigen Tischchen, auf dem er an einem kleinen Madonnenmodell arbeitet. Er ist mit einer Art Schürze bekleidet und trägt ein Barett auf dem Kopf. Die dritte Figur, auf der Rückseite, trägt die Inschrift "MATTHIAS GRÜNEWALD" (Abb. 49). Er blickt auf eine Bildtafel, die er auf seinem linken Knie hält. Er ist mit einem Mantel bekleidet. An den Seiten des Sockels, zwischen den Figuren, sind je zwei übereinander liegende halbrunde Bekken angebracht, die von maskenartigen Wasserspeiern gespeist werden.

Zwischen Sockel und Bekrönungsfigur ergibt sich eine kurze Zwischenzone, die formal den Sockel weiterführt, sich aber nach oben verjüngt und die Standfläche für die Bekrönungsfigur bildet. An den Ecken sitzen drei kleine Putten, die Delphine neben sich halten. Die Putten, die von der Hauptseite her zu sehen sind, bekränzen ein Medaillon, welches sich zwischen ihnen befindet . Auf dem Medaillon ist ein Reliefportrait des Prinzregenten Luitpold im Profil zu sehen, darüber eine Krone. Über den anderen beiden Seiten des Sockels sind zwischen den Putten leere Kartuschen angebracht.

Als Bekrönungsfigur setzt auf diesem Zwischenstück eine Statue der Frankonia auf. Die überlebensgroße Figur ist mit einem massigen, faltenreichen Gewand bekleidet und trägt eine Krone auf dem Kopf. In ihrem rechten, erhobenen Arm hält sie eine Fahne an einer langen Stange, mit dem linken, ausgestreckten Arm bietet sie einen Lorbeerkranz dar.

Das Wasser wird in je zwei dünnen Strahlen aus den Nüstern der Delphine in das Umfassungsbecken gesprüht. Weiteres Wasser gelangt aus den Masken in die oberen halbrunden Becken und von dort über die unteren ebenfalls in das Umfassungsbecken.

IKONOGRAPHIE

Der Frankoniabrunnen bezieht sich auf die Stadt Würzburg und das Land Franken. Die Frankonia symbolisiert das Land, Prinzregent Luitpold steht durch seine Geburt in der Würzburger Residenz in besonderer Beziehung zur Stadt. Durch ihn ist ferner der einzige Bezug zu Bayern gegeben, zu dem Franken damals bereits gehörte. Riemenschneider lebte von 1483 bis zu seinem Tode 1531 in der Stadt und schuf dort unter anderem die Skulpturen "Adam und Eva"[412] für die Marienkapelle und das Grabmal von Rudolf von Scherenburg für den Dom. Walther von der Vogelweide lebte und arbeitete von 1220 bis zu seinem Tod 1230 auf seinem Lehen in oder bei Würzburg. Er ist durch seine Sitzhaltung gekennzeichnet, die eine Verkörperung seiner wohl bekanntesten Verse darstellt.[413] Grünewald war von 1511 bis 1513 und von 1516 bis 1527 in Aschaffenburg tätig, das ebenfalls zu Unterfranken gehört. Zwischen 1520 und 1522 malte er die "Kreuzigung aus Tauberbischofsheim", welches in der Nähe von Würzburg liegt.

Kulturelle Errungenschaften stehen auf diesem Brunnen im Vordergrund.Es sind ausschließlich Künstler dargestellt, die unter dem mächtigen Schutz der Frankonia in Ruhe ihrer Arbeit nachgehen. Prinzregent Luitpold wird ebenfalls in Beziehung zur Kunst gestellt. Andere Bereiche der Stadtgeschichte, die sonst auf Brunnen mit historisch orientiertem Programm geläufig sind - wie sagenhafte Stadtgründer, Feldherren usw. -, werden beseite gelassen.

HERLEITUNG

Die Form des Brunnens leitet sich von italienischen Renaissancebrunnen her. Auch in Deutschland war diese Form - flaches, rundes Umfassungsbecken, Brunnenkern, vollplastische, große Bekrönungsfigur - übernommen worden. Sie wurde mit leichten Abwandlungen bis ins 19. Jh. durchgehend gebaut.[414]

An dem Frankoniabrunnen fällt die dreieckige Grundform auf. Von der Form des Platzes her gesehen ist diese nicht unbedingt notwendig, ein quadratischer Sockel in einem runden Becken wäre ebensogut möglich gewesen. Die meisten Brunnen dieser Art bedienten sich der letzteren Form. Möglicherweise wurde der dreieckige Sockel aus inhaltlichen Gründen gewählt, weil keine passende vierte Person aus dem fränkischen Kulturleben gefunden werden konnte.

Die Bekrönung des Brunnens mit der Frankonia als Personifikation des Frankenlandes ist ebenfalls ein relativ neues Element. Die Bekrönungsfiguren früherer Brunnen stellen zumeist Heilige dar, die mit der Stadt in Beziehung stehen, z.B. deren Schutzheilige. Die Frankonia ist nach dem Typus von Heiligenfiguren gebildet. Personifikationen erfreuen sich erst im 19. Jh. einer größeren Beliebtheit. Der Hamburger Hansabrunnen ist mit der Hansa als Personifikation des mit der hamburgischen Geschichte eng verbundenen Hansabundes bekrönt. Ausgesprochene Stadtpersonifikationen werden sonst im Bereich des Brunnensockels dargestellt (Erlangen, Nürnberg).

3.18 WÜRZBURG - KILIANSBRUNNEN (18)

BAUGESCHICHTE

Der Kiliansbrunnen auf dem Würzburger Bahnhofsvorplatz ist ein Gegengeschenk des Prinzregenten Luitpold an die Stadt. Zwei Tage nach Enthüllung des Frankoniabrunnens am 3.6.1894 bedankte sich der Prinzregent mit einem Besuch bei der Bürgerschaft im Rathaus[415] und versprach der Stadt, daß "Allerhöchstderselbe zur weiteren Erinnerung an Allerhöchstseinen Aufenthalt und an die gegenwärtigen Festtage und zur Belohnung für die treue Gesinnung der Bürgerschaft Allerhöchstseiner lieben Geburtsstadt auf dem Bahnhofsvorplatz dahier einen Brunnen errichten wolle."[416] Mit dem Entwurf des Brunnens und mit der Bauleitung wurde Stadtbaurat P. Bernatz beauftragt, mit dem bildhauerischen Teil des Entwurfes und der Anfertigung der Modelle der Bildhauer Balthasar Schmitt. Bis Ende des Jahres war der Entwurf bis auf Detailausarbeitungen fertiggestellt und konnte dem Prinzregenten zur Genehmigung vorgelegt werden. Die Ausarbeitungen der Details dauerten bis März 1895. Im April 1895 wurde mit den Arbeiten begonnen. Innerhalb von drei Monaten war der Brunnen fertiggestellt, so daß er am 8.7.1895, dem Tag des Hl. Kilian, enthüllt werden konnte.[417]

Im Jahre 1943 wurde die Bekrönungsfigur des Hl. Kilian demontiert und zusammen mit anderen Bronzegegenständen zum Einschmelzen nach Hamburg gebracht. Dort wurde sie jedoch nach dem Krieg unbeschädigt wieder aufgefunden und am 8.7.1949 erneut mit dem Brunnen vereint.[418]

BESCHREIBUNG

H. 17 m, Ø 5 m (Schale), Marmor, Bronze

Der Kiliansbrunnen (Abb.50) steht auf dem Bahnhofsplatz, dem früheren Kaiserplatz. Zur Zeit des Baus bildete der Platz den Eingang der Stadt,[419] heute liegt er mitten in der Stadt. Der Platz ist mit modernen Gebäuden umgeben, so daß die Wirkung des Brunnens zur Zeit seiner Entstehung nicht mehr beurteilt werden kann. Eine zeitgenössische Aufnahme zeigt, daß sich die Aufstellung des Brunnens auf das zweigeschossige Bahnhofsgebäude bezog, das als einziges Bauwerk einen großen, freien Platz begrenzte.[419 a] Die Form ist die eines Schalenbrunnens, der mit einer vollplastischen Figur bekrönt ist. Durch die Ausrichtung der Bekrönungsfigur ergibt sich eine zur Stadt gerichtete Hauptansichtsseite. Der Brunnen ist von einem flachen Umfassungsbecken umgeben, aus dessen Mitte sich der Brunnenkern aufbaut. Die Grundform ist rund, an den Seiten des Sockels sind flache, rechteckige Verblendungen angebracht. Der Sockel trägt auf der gerundeten Vorder- und Rückseite je eine Inschrift. Auf der Vorderseite steht: "In Treue fest ist mein Wahlspruch. Fest baue ich auf die Liebe und Treue meiner lieben Franken. Luitpold Prinzregent von Bayern" (Abb. 50). Die Inschrift auf der Rückseite lautet: "Meiner lieben Geburtsstadt zur Erinnerung an die unvergesslichen Tage im Jahre 1894". Außerdem sind etwas weiter unten an der Rückseite in kleiner Schrift die Namen"Bernatz"und"Schmitt" sowie das in römischen Ziffern gegebene Datum "8.7.1896" angebracht.

An den flachen Seiten des Sockels befinden sich zwei quadratische Reliefs. Auf der rechten Seite (Abb. 52) sind zwei Frauen bei der Weinlese dargestellt, am Boden sitzt ein kleines Kind. Das linke Relief (Abb. 53) zeigt zwei Männer und einen Knaben, die vor dem Hintergrund einiger Boote mit dem Flicken von Netzen beschäftigt sind.

Auf dem Sockel setzt eine massige, runde Schale an. Ihr hochgezogener Rand ist mit einem Fries aus Weinlaub und Reben geschmückt, zwischen denen sechs verschiedene wasserspeiende Masken angebracht sind. Über der Schale sitzt ein Schaft, der eine zweite, kleinere Schale trägt. Auf dem Schaft befinden sich zwischen Früchtegirlanden drei verschiedene Wappen. Über der zweiten Schale wird der Schaft in Form eines Knaufes weitergeführt. Dieser ist mit bronzenen Delphinen geschmückt, die ein Schwert, einen Bischofsstab und eine Krone zwischen sich halten.

Die Bekrönungsfigur ist eine Bronzestatue des Hl. Kilian(Abb.51). Er ist im Bischofsornat dargestellt, seine rechte Hand ist segnend erhoben, in der linken hält er einen Kreuzstab.

Das Wasser wird von den Delphinen in die obere Schale gesprüht. Dort bildet es kleine Fontänen und fällt über den Rand in die untere Schale. Nach abermaliger Bildung von Fontänen wird es durch die Wasserspeier und über den Rand in das Umfassungsbecken geleitet.

IKONOGRAPHIE

Kilian, der Schutzpatron der Stadt, war um 685 in der Gegend um Würzburg als Missionar tätig und erlitt dort das Martyrium. Sein Jahrestag ist der 8.Juli, der Tag, an dem der Brunnen enthüllt wurde. Kilian wird gewöhnlich, wie hier, in pontifikaler Meßkleidung mit Mitra, Stab und Schwert dargestellt.[420] Der Bischofsstab zu seinen Füßen bezieht sich auf seine Missionstätigkeit, Schwert und

"Krone der Seligen"[421] auf sein Märtyrertum (Enthauptung). Auch Delphine sind Bestandteil christlicher Symbolik.[422] Der Stifter des Brunnens, Prinzregent Luitpold, stellt sich selbst und das, was er repräsentiert, unter den Schutz des Heiligen. Das letztere ist in den Wappen auf dem Zwischenschaft verdeutlicht: es sind die Wappen von Bayern, Franken und Würzburg.

Die Reliefs auf dem unteren Sockel beziehen sich auf die Erwerbszweige im Maintal. Rechts ist der Weinbau dargestellt, links Fischfang und Schiffahrt. Auf den Weinbau beziehen sich auch die Weinranken und die Masken am Rand der großen Schale. Die Masken sollen die Einwirkung des Weins auf die verschiedenen Temperamente darstellen: Poesie, Humor, Mannesmut, Jugendkraft, Heiterkeit und Rausch.[423] Die Widmung auf der Rückseite bezieht sich auf die Feierlichkeiten zur Enthüllung des Frankoniabrunnens (17) im Jahre 1894, zu denen sich der Prinzregent in Würzburg aufhielt.[424]

Im Gegensatz zum Frankoniabrunnen wird hier weniger auf die Stadt Würzburg Bezug genommen, sondern auf den gesamten bayrischen Bereich, der in die Regentschaft Luitpolds fiel. Kilian ist zwar der Schutzheilige der Stadt, er segnet hier jedoch neben der Stadt Würzburg auch die Länder Bayern und Franken, die durch ihre Wappen vertreten sind und darüber hinaus das Maintal, das in den beiden Reliefs versinnbildlicht wird. Auch wird hier auf einen anderen Teil der regionalen Errungenschaften Bezug genommen: nicht das Kulturleben, sondern das wirtschaftliche Wohlergehen wird von Kilian gesegnet.

HERLEITUNG

Der Kiliansbrunnen nimmt die Form des Schalenbrunnens mit freistehender, vollplastischer Bekrönungfigur auf, der sich in der Renaissance in Italien entwickelt hat und seitdem dort und in Deutschland nahezu unverändert beibehalten wurde.[425]

Die Statuenhaftigkeit der Figur verwundert in einer Entstehungszeit, in der die Entwicklung zum Neobarock mit seiner stark bewegten, plastischen Ausschmückung in Brunnen wie in Berlin (3), Dresden (5) und Mannheim (13) zum Ausdruck kommt.

4 ANMERKUNGEN, LITERATUR, ABKÜRZUNGEN, ABBILDUNGEN

4.1 ANMERKUNGEN

1 Vgl. Wittstock,J., Adolf Hildebrands Hauptwerk - Der Wittelsbacher Brunnen in München, in: Oberbayrisches Archiv, 101, 1978, S.54 ff.

2 Volkmann sieht die Gründe für diese Entwicklung in der Verbreitung von Hauswasserleitungen, durch die der wesentliche Zweck der Stadtbrunnen entfällt, was zu einer Gleichgültigkeit gegenüber Brunnenbauten führt (vgl. Volkmann,H., Die künstlerische Verwendung des Wassers im Städtebau, Berlin 1911, S.98). Wittstock begründet: "Dann aber besorgt die zunehmende Ablehnung von architektonischen und dekorativen Aufgaben für die Skulptur im Zusammenhang mit dem wachsenden ethischen Anspruch der Kunst, und schließlich die Transzendierung des Kunstwerks in der romantischen Philosophie, die Lösung von Aufgaben wie der des Brunnenbaus aus dem Bereich des anspruchsvollen künstlerischen Schaffens." (Wittstock 1978, S.54)

3 Vgl. Plagemann,V., Zur Denkmalsgeschichte in Hamburg, in: Mittig,H.E. und Plagemann,V. (Hrsg.), Denkmäler im 19. Jahrhundert, Passau 1972, S.2o

4 Vgl. Volkmann 1911, S.95 ff.

5 Dazu Brockhaus: "Sie (monumentale Kunstwerke) können die außergewöhnliche Gestaltungskraft einer Epoche angemessen dokumentieren, aber auch nur der Ausdruck überbetonten Repräsentationsstrebens sein." (Brockhaus Enzyklopädie, 17.Aufl., Wiesbaden 1971, S.778)

6 Vgl. DB, 28, 1894, S.506

7 Vgl. Brief von Haller vom 18.7.1894, Staatsarchiv Hamburg, Rathausbaukommission 204

8 Vgl. Sch(mädel),J.v., Der Wittelsbacher Brunnen in München, in: Die Kunst unserer Zeit, 1895, S.99

9 Vgl. Fränkischer Tag vom 1.7.1950

10 Vgl. Brief des Regierungspräsidenten von Oberfranken vom 9.10.1874, Stadtarchiv Bamberg, Sig.Rep.C2,Tit.VI,Fach-Nr.655,Akten-Nr.6,1.Bd. (im folgenden zitiert als Sig.Rep. C2)

11 Vgl. Bamberger Neueste Nachrichten vom 30.8.1880

12 Öffentlicher Aufruf vom 27.11.1893, in: Würzburger Telegraph vom 5.12.1890

13 Ebd.

14 Vgl. Erinnerung an den Besuch Seiner Königlichen Hoheit des Prinzregenten Luitpold anläßlich der Enthüllung des Monumentalbrunnens auf dem Residenzplatz in Würzburg am 3.Juni 1894, Stadtarchiv Würzburg, Zeitgeschichtliche Sammlung (im folgenden zitiert als Erinnerung 1894)

15 Vgl. H., Der Schloßbrunnen in Berlin, in: DB, 25, 1891, S.597

16 Vgl. Rosenberg,A. und andere, Reinhold Begas, in: ZfbK, N.F.8, 1896/97, S.138

17 Vgl. H. 1891, S.598

18 Zur Ikonographie siehe 2.3

19 Für die Gründe siehe 3.12 (Baugeschichte)

20 Vgl. Peters, Der Hasselbach-Brunnen in Magdeburg, in: DB, 25, 1891, S.513

21 Vgl. Die Bauwerke und Kunstdenkmäler von Berlin, Bezirk Tiergarten, Berlin 1955, S.206 (im folgenden zitiert als Bauwerke 1955)

22 Siehe 3.15 (Beschreibung)

23 Vgl. F., Monumental-Brunnen in Erfurt, in: DB, 24, 1890 S.469

24 Stockbauer,J., Der Paulibrunnen in Erlangen, in: ZfbK, N.F.2, 1890/91, S.76

25 Vgl. o.V., Der Mendebrunnen auf dem Augustusplatz in Leipzig, in: ZdB, 6, 1886, S.360 (im folgenden zitiert als Mendebrunnen in ZdB 1886)

26 Vgl. Kisch,E.E., Wagnisse in aller Welt, Berlin 1927, S.151 ff.

27 Verwaltungsbericht der Hauptstadt Mannheim, für die Jahre 1892-1895, Bd.1, S.857, Stadtarchiv Mannheim, Bibliothek, A 18/2

28 Vgl. ebd. S.857-858

29 Vgl. Wieselberger,M., St. Kiliansbrunnen in Würzburg, in: SB, 5, 1895, S.343

30 Vgl Ostini,F.v., Ein neuer Monumentalbrunnen von Rudolf Maison, in: SB, 9, 1899, S.394

31 Vgl. Graefe,H.A., Denkmäler und Brunnen in Deutschland, München 1968, S.134

32 Vgl. Protokoll der Bau-Kommission vom 12.3.1879, Staatsarchiv Hamburg, Bestand 15B,VIII,3b

33 Gutachten Winkler vom 23.1.1880, Staatsarchiv Hamburg, Bestand 15B,VIII,3b

34 Vgl. ZdB, 16, 1896, S.567

35 Vgl. Bloch,P. und Grzimek,W., Das klassische Berlin, Berlin, Wien 1978, S.395. Bloch weist darauf hin, daß die Errichtung des Berliner Neptunbrunnens zu Beginn des Jahrhunderts aufgrund seiner Lage am Schloß in die Kompetenz des Hofes gefallen wäre.

36 Vgl. H. 1891, S.599

37 Vgl. Schricker,A. Der Wittelsbacher-Brunnen in München, in: ZfbK, N.F.7, 1895/96, S.123

38 Vgl. Rosenberg 1896/97, S.138

39 Vgl. H. 1891, S.599

40 Vgl. Schricker 1895/96, S.123

41 Vgl. Sattler,D., Adolf von Hildebrand und die Architektur, Diss. München 1932, S.46

42 Vgl. Peters 1891, S.513 ff.

43 Vgl. Vertrag vom 13.7.1878, Stadtarchiv Bamberg, Sig. Rep. C2

44 Vgl. Bamberger Neueste Nachrichten vom 30.8.1880

45 Vgl. Brief von Dr. von Lutz vom 16.7.1878, Stadtarchiv Bamberg, Sig. Rep. C2

46 Vgl. F. 1890, S.469

47 Vgl. Würzburger Stadt- und Landbote vom 28.1.1891

48 Vgl. Wieselberger 1895, S.344

49 Vgl. ebd.

50 Vgl. Nürnberger Stadtchronik, 1885-1888, Stadtarchiv Nürnberg, Rep. G1,Nr.12

51 Vgl. Stöckhardt, Monumentalbrunnen in Erfurt, in: ZfB, 40, 1890, S.419-422

52 Brief des Regierungsdirektors von Oberfranken vom 9.10. 1874, Stadtarchiv Bamberg Sig. Rep. C2

53 Vgl. Fränkischer Tag vom 1.7.1950

54 Vgl. Illustrirte Zeitung vom 28.9.1878

55 Vgl. Allgemeine Illustrirte Zeitung 1878-1879, 41.Bd., 21.Jg.

56 Vgl. DB, 28, 1894, S.506

57 Vgl. F. 1890, S.469

58 Vgl. Nürnberger Stadtchronik, 1885-1888, Stadtarchiv Nürnberg, Rep. G1,Nr.12

59 Vgl. Würzburger General-Anzeiger vom 17.1.1891

60 Vgl. KCh, N.F.1, 1889/90, S.63

61 Vgl. Schenkungsurkunde von 1913, Stadtarchiv Worms, Urkundenabt., Urkunde 6/U-10: 10.2.1913

62 Vgl. Generalanzeiger,Mannheim,vom 13.11.1898

63 Vgl. Kisch 1927, S.152

64 Vgl. Nürnberger Stadtchronik, 1885-1888, Stadtarchiv Nürnberg, Rep. G1,Nr.12

65 Vgl. ebd.

66 Würzburger General-Anzeiger vom 15.12.1890

67 Vgl. Randbemerkungen an den Spendenlisten, wie "ich zeichne 10 M., wenn aber eine Wohltätigkeitsstiftung beschlossen wird, zahle ich 500 M." (Würzburger General-Anzeiger vom 17.1.1891)

68 Vgl. Würzburger Telegraph vom 29.1.1891

69 Vgl. Würzburger General-Anzeiger vom 17.1.1891

70 Würzburger Telegraph vom 20.12.1890

71 F., Die Architektur auf der diesjährigen Kunstausstellung zu München, in: DB, 17, 1883, S.493 f.

72 Siehe 2.1.3.1.a)

73 KfA, 5, 1890, S.110

74 Vgl. KCh, 23, 1888, S.73

75 Vgl. Grundsätze für das Verfahren bei öffentlichen Konkurrenzen, o.J. (ca.1878), Stadtarchiv Bamberg, Sig. Rep. C2

76 Vgl. o.V., Brunnen in Bremen und Königsberg i/Pr., Deutsche Konkurrenzen, Bd.5, Heft 4, Nr.52, Leipzig 1895 (im folgenden zitiert als Brunnen in Bremen 1895)

77 Vgl. DB, 16, 1882, S.332

78 Vgl. o.V., Der Mendebrunnen vor dem Museum auf dem Augustus-Platze in Leipzig, in: ZfB, 36, 1886, S.479 (im folgenden zitiert als Mendebrunnen in ZfB 1886)

79 Vgl. Brandt,H.J., Das Hamburger Rathaus, Hamburg 1957, S.68

80 Vgl. Stockbauer 1890/91, S.78

81 Vgl. Stöckhardt 1890, S.419

82 Vgl. Wittstock 1978, S.15 ff.

83 Siehe 2.1.3.1

84 Vgl. Über das Konkurrenzwesen bei künstlerischen Wettbewerben, in: Die Kunst, 15, 1907, S.405 ff.

85 Siehe 3.8 (Baugeschichte)

86 Würzburger General-Anzeiger vom 17.1.1891

87 Vgl. Memminger,Th., Würzburgs Straßen und Bauten, 2.Aufl., Würzburg 1921, S.37

88 Vgl. Vertrag vom 13.7.1878, Stadtarchiv Bamberg, Sig. Rep. C2

89 Vgl. Vertrag vom Mai 1895, Staatsarchiv Hamburg, Rathausbaukommission 204

90 Vgl. Vertrag vom 24.1.1898, Staatsarchiv Hamburg, Bestand 15B,VIII, 3b

91 Vgl. Vertrag vom Februar 1895, Staatsarchiv Hamburg, Rathausbaukommission 204

92 Vgl. Vertrag vom Dezember 1897, Staatsarchiv Hamburg, Bestand 15B,VIII,3b

93 Vgl. Volkmann 1911, S.79

94 Vgl. Neumann,G., Der Brunnen in Stadt und Land, in: Deutsche Bauhütte, 1906, S.4 ff.

95 Vgl. Volkmann 1911, S.36 ff.

96 siehe oben (S.30)

97 Vgl. Süddeutsche Presse vom 12.8.1880

98 Vgl. Volkmann 1911, S.110

99 Vgl. ebd.

100 Vgl. ebd., S.111

101 Vgl. Peters 1891, S.513-517

102 Vgl. Bauwerke 1955, S.206

103 Vgl. Volkmann 1911, S.113

104 Vgl. o.V., Der Brunnen auf dem Maximiliansplatz in München, in: SB, 4, 1894, S.396

105 Zur Gestaltung des Platzes vgl. Wittstock 1978, S.12

106 Vgl. ebd., S.12 und Abb.29

107 Anders im Bereich der Gartenbrunnen, der kleinen Zierbrunnen und Tischbrunnen

108 Vgl. Volkmann 1911, S.61

109 Vgl. Bloch,P., Heroen der Kunst, Wissenschaft und Wirtschaft, in: Trier,E. und andere (Hrsg.), Skulpturen des 19.Jahrhunderts im Rheinland, Düsseldorf 1975, S.323

110 Vgl. Rautenberg,A., Mittelalterliche Brunnen in Deutschland, Diss. Freiburg 1965, S.211 ff.

111 Vgl. Adolph,R., Die Entwicklung des Schalenbrunnens in Italien und Deutschland, Diss. Berlin 1943, S.157

112 Der erste Brunnen dieser Art, der alte St.-Peter-Brunnen in Rom von 1490, ist nicht mehr erhalten,vgl. Adolph 1943, S.28

113 Vgl. ebd., S.80

114 Vgl. ebd., S.157

115 Zur unterschiedlichen Benennung dieser Brunnen vgl. Rautenberg 1965, S.217 f.

116 Vgl. Volkmann 1911, S.66

117 Vgl. ebd., S.18

118 Vgl. Lill,G., Art. "Brunnen", in: RDK, Bd.2, Stuttgart 1948, Sp.1296 ff.

119 Vgl. Kauffmann,H., Giovanni Lorenzo Bernini - Die figürliche Komposition, Berlin 1970, S.174

120 Vgl. ebd., S.179

121 Vgl. Volkmann 1911, Kap. "Obeliskenbrunnen", S.106 ff.

122 Vgl. o.V., Art. "Brunnenplastik", in: Lexikon der Kunst, Bd.1, Leipzig 1968, S.359 f.

123 Vgl. Volkmann 1911, S.95

124 Vgl. Wittstock 1978, S.39 f.

125 Illustrirte Zeitung vom 28.9.1878

126 Ebd. 127 Siehe 2.3.3.3

128 Heilmeyer,A., Adolf Hildebrand, Bielefeld, Leipzig 1902, S.82 f.

129 Vgl. Volkmann 1911, S.98

130 Vgl. (F)echner, G.Th., Zur Kritik des Leipziger Mendebrunnens, Leipzig 1887, S.5 f.

131 Vgl. ebd, S.12

132 Vgl. o.V., Die Wasserversorgung von Kunstbrunnen, in: ZdB, 24, 1904, S.538 ff.

133 Vgl. Volkmann 1911, S.99

134 Über den Delphin vgl. Stauch,L., Art. "Delphin", in: RDK, Bd.3, Stuttgart 1954, Sp.1234 ff., über die Muschel vgl. Heinz-Mohr,G., Lexikon der Symbole, Düsseldorf, Köln 1971, S.218 f.

135 Konstantin gilt nur in der Ostkirche als heilig. Vgl. Keller,H., Reclams Lexikon der Heiligen und der biblischen Gestalten, 3.Aufl., Stuttgart 1975, S.318

136 Vgl. Neue Bayrische Landeszeitung vom 5.7.1895

136a Manessische Handschrift 136b Siehe Anm. 412

137 Vgl. Vergil, Aeneis 1, 131 ff. (bes. 135)

138 Vgl. Simson,O.G.v., Zur Genealogie der weltlichen Apotheose im Barock, Straßburg 1943, S.243

138a Auch von Bernini (Victoria und Albert Museum, London)

139 Vgl. Erffa,H.M.v., Art. "Dreizack", in: RDK, Bd.4, Stuttgart 1958, Sp.556 ff.

140 Vgl. Heinz-Mohr 1971, S.77

141 Vgl. Erffa,H.M.v., Art. "Caduceus", in: RDK, Bd.3, Stuttgart 1954, Sp.303 ff.

142 Vgl. Brunnen in Bremen 1895, S.8 f. (Abb.)

143 Vgl. Brandt 1957, S.68

144 Ziegler,K. und Sontheimer,W. (Hrsg.), Der Kleine Pauli, Bd.2, München 1979, Sp.1163

145 Steinach,W., Der Wittelsbacher Brunnen auf dem Maximiliansplatz in München, in: SB, 5, 1895, S.225

146 Vgl. Lurker,M., Wörterbuch der Symbolik, Stuttgart 1979, S.365

147 Vgl. Held,J., Art. "Allegorie", in RDK, Bd.1, Stuttgart 1937, Sp.346 ff.

148 Vgl. Lurker 1979, S.17 und S.439 ff.

149 Zu Genien vgl. Ziegler, Sontheimer1979, Sp.741 f.

150 Vgl.Lexikon der Kunst, Bd.2, Leipzig 1976, S.39

151 Vgl. Vergil, Georgica IV, 363

152 Eines der frühesten Beispiele: Soisson-Evangeliar, Paris, Bibl.Nat.,lat.8850,fol.6v von 827 (vgl. Underwood,P., The Fountain of Life in the Manuscripts of the Gospels, in: Dumbarton Oaks Papers 5, 1950, S.41-139)

153 Vgl. Kauffmann 1970, S.193 ff.

154 Über den Rhein vgl. Grolle,J.und I., "Der Hort im Rhein." Zur Geschichte eines politischen Mythos, in: Schulin,E. (Hrsg.), Gedenkschrift Martin Göhring, Wiesbaden 1968, S.214-238

155 Vgl. Bloch 1975, S.329 ff. (mit Lit.)

156 Vgl. KfA, 7, 1891/92, S.92

157 Vgl. Held 1937, Sp.348

158 Vgl. Gurlitt,C., Zur Kritik des neuen Berliner Schloßbrunnens, in: ZdB, 11, 1891, S.474

159 DB, 22, 1888, S.511

160 Vgl. Lexikon der Kunst, Bd. 1, Leipzig 1968, S.361

161 Häußler,H., Brunnen, Denkmale und Freiplastiken in Nürnberg, Nürnberg 1977, S.28 f.

162 Vgl. Nürnberger Stadtchronik 1889-1890, S.838, Stadtarchiv Nürnberg, Rep.G1, Nr.13

163 Woerl,L.(Hrsg.), Illustrierter Führer durch Würzburg und Umgebung, 17.Aufl., Leipzig 1907, S.43

164 Vgl. Volkmann 1911, S.111

165 Vgl. Memminger 1921, S.319 f.

166 Vgl. Süddeutsche Presse vom 12.8.1880

167 Vgl. Fränkischer Tag vom 1.7.1950

168 Neues Volksblatt vom 12.2.1953

169 Hamburger Abendblatt vom 14.9.1978

170 Wieselberger 1895, S.343

171 Generalanzeiger, Mannheim, vom 13.11.1898

172 Neue Mannheimer Zeitung vom 17.4.1940

173 Schmädel 1895, S.102

174 Sattler 1932, S.47

175 Lill 1948, Sp.1308

176 Vgl. Lexikon der Kunst, Bd. 1, Leipzig 1965, S.360 f.

177 Vgl. Wittstock 1978, S.60

178 Neumann 1906, S.4

179 Rein,B., Der Brunnen im Volksleben, München 1912, S.170

180 Neumann 1906, S.24

181 Vgl. Volkmann 1911, S.106

182 Vgl. ebd., S.98

183 Swarzenski, Der Siegfriedbrunnen in Worms, Frankfurt 1921, S.3

184 Vgl. Bamberger Neueste Nachrichten vom 30.8.1880

185 KCh, 13, 1878, S.198

186 Ebd.

187 Vgl. Stollreither,E. (Hrsg.), Ferdinand von Miller erzählt, München 1931, S.199

188 Vgl. Vertrag vom 13.7.1878, Stadtarchiv Bamberg, Sig.Rep.C2

189 Vgl. Bamberger Neueste Nachrichten vom 30.8.1880

190 Vgl. Stollreither 1931, S.202

191 Vgl. Fränkischer Tag vom 1.7.1950 und Unterlagen des Stadtarchivs Bamberg, Sig.Rep.C2

192 Vgl. Zeitungsausschnitte im Stadtarchiv Bamberg, Sig.Rep.C2

193 Die Süddeutsche Presse vom 12.8.1880 schlägt im Scherz vor, "man soll, da das Monument doch schon gegossen, nun eben den zu großen Platz zu verkleinern suchen, um Platz und Monument in Einklang zu bringen."

194 Bekanntmachung des Stadtmagistrats von Bamberg vom 7.11.1877, Stadtarchiv Bamberg, Sig.Rep.C2

195 Vgl. Brief von Millers vom 15.3.1879, Stadtarchiv Bamberg, Sig.Rep.C2

196 Vgl. Brief von Magistratsrat Sippel vom 20.3.1879, Stadtarchiv Bamberg, Sig.Rep.C2

197 Vgl. Stollreither 1931, S.200

198 Vgl. Brief von Magistratsrat Sippel vom 30.11.1878, Stadtarchiv Bamberg, Sig.Rep.C2

199 Vgl. Stollreither 1931, S.200-202

200 Vgl. Brief des Königlich-Bayrischem Staatsministeriums des Inneren für Kirchen- und Schulangelegenheiten vom 29.5.1878, Anmerkung von Bürgermeister Brandt vom 7.6. 1878, Stadtarchiv Bamberg, Sig.Rep.C2

201 Vgl. Volkmann 1911, S.65 ff.

202 Vgl. KCh, 13, 1878, S.562

203 Vgl. Lill 1948, Sp.1290 und Volkmann 1911, S.67

204 Vgl. Bauwerke 1955, S.206

205 Vgl. Reclams Kunstführer - Deutschland 4 - Berlin, 3. Aufl., Stuttgart 1980, S.308

206 Vgl. Bauwerke 1955, S.206

207 Vgl. KCh, 12, 1877, S,422

208 Vgl. Bauwerke 1955, S.206

209 Vgl. KCh, 12, 1877, S.422

210 Vgl. Bauwerke 1955, S.206

211 Vgl. Grolle 1968, S.214 ff.

212 KCh, 12, 1877, S.422

213 Vgl. Bloch, Grzimek 1978, S.152 und 308

214 Vgl. Hoch, Kunstgeschichtliche Wanderungen durch Berlin, Berlin o.J. (vor 1902), S.79

215 Siehe 3.3 (Ikonographie)

216 Über Pinienzapfen auf Brunnen vgl. Strzygowski, Der Pinienzapfen als Wasserspeier, in: Römische Mitteilungen 1903, S.185-206

217 Vgl. Friedel,H., Bronzebildmonumente in Augsburg 1589-1606, Augsburg 1974, S.28-58, Abb.1-12

218 Kauffmann 1970, S.174-193, Abb.87-98

219 Vgl. Blauensteiner,K., Georg Raphael Donner, Wien 1944, S.33-41, Abb.47-74

220 Vgl. Bloch, Grzimek 1978, S.307

221 Vgl. Rave,P.O., Karl Friedrich von Schinkels Lebenswerk, Bd. Berlin 3, Berlin 1962, S.266

222 Vgl. H. 1891, S.597

223 Vgl. Rosenberg 1897, S.138

224 Vgl. H.1891, S.598

225 Vgl. KfA, 7, 1891/92, S.75 und 92

226 Vgl. KCh, N.F. 3, 1891/92, S.77

227 Vgl. H. 1891, S.597-600 und Gurlitt 1891, S.473-474

228 Vgl. KfA, 7, 1891/92, S.74 f., 92, KCh, N.F.3, 1891/92, S.77

229 Vgl. KfA, 7, 1891/92, S.92

230 Siehe 2.3.2.1

231 Vgl. H. 1891, S.597

232 Siehe 3.2 (Ikonographie)

233 Siehe 2.3.3.1

234 Vgl. Friedel 1974, S.28-58, Abb.1-12

235 Vgl. Blauensteiner 1944, S.33-41, Abb.47-74

236 Vgl. Bloch, Grzimek 1978, S.308

237 Vgl. Kauffmann 1970, S.170-174, Abb.83-85

238 Vgl. ebd., S.174-193, Abb.87-98

239 Vgl. Colonna,G.B., Römische Brunnen, Novara 1941, Taf. 1 und 2

240 Vgl. Brunnen in Bremen 1895 (Abb. der 11 Entwürfe, Diskussion und Wettbewerbsbedingungen)

241 Vgl. Hofmann,A., Der Teichmann-Brunnen in Bremen, in: DB, 33, 1899, S.655-657 und Ostini,F.v., Rudolf Maison, Die Kunst, 3, 1900/01, S.139 f.

242 Vgl. Hofmann 1899, S.656

243 Vgl. ZdB, 24, 1904, S.179

244 Siehe 2.4

245 Vgl. Brunnen in Bremen 1895, S.7

246 Siehe 3.9 (Baugeschichte)

247 Vgl. Hunger,H., Lexikon der griechischen und römischen Mythologie, Hamburg 1974, 2.Aufl., S.177 f.

248 Vgl. Ostini 1900/01, S.140

249 Vgl. Volkmann 1911, Abb.69

250 Vgl. Hofmann 1899, S.657

251 Vgl. Gramberg,W., Giovanni Bologna - eine Untersuchung über die Werke seiner Wanderjahre (bis 1567), Berlin 1936, S.72 ff. (Abb.15-19)

252 Vgl. Lier,H.A., Die Neuen Dresdener Monumentalbrunnen, in: ZfbK, N.F.6, 1894/95, S.90

253 Über die Titel und Beurteilung weiterer Entwürfe vgl. C.C., Ausstellung von Brunnenmodellen in Dresden, in: KCh, 15, 1880, S.679 f.

254 Vgl. Schumann,P., Robert Diez, in: KfA, 10, 1895, S.129

255 Vgl. Lier 1894/95, S.9o

256 Vgl. KCh, 23, 1888/89, S.155

257 Vgl. KfA, 4 1889/90, S.299 und Lier 1894/95. S.89

258 Vgl. KfA, 7 1892/93, S.280

259 Vgl. DB, 28, 1894, S.506. Diese Großzügigkeit verwundert weil bei dem Wettbewerb der Entwurf "Abundantia" nicht in die engere Wahl gekommen war, weil er die vorgegebene Summe überschritten hatte. Der Entwurf war von der "Kunstchronik" als der lebendigste bezeichnet worden, vgl. KCh, 15, 1880, S.79

260 DB, 28, 1894, S.506

261 Lier 1894/95, S.89 f.

262 KCh, N.F.7, 1895/96, S.30

263 Schumann 1895, S.129

264 Vgl. ebd. S.147

265 Vgl. DB, 28, 1894, S.506

266 Vgl. Schumann 1895, S.134

267 Vgl. KfA, 7, 1892/93, S.280

268 Vgl. DB, 28, 1894, S.506

269 Vgl. Colonna 1941, Taf.15

270 Vgl. C.C. 1880, S.679 f.

271 Die Brunnen auf dem Petersplatz sind nicht gleichzeitig entstanden. Die Doppelung wurde erst bei der Anlage von Berninis Kolonnaden notwendig.

272 Vgl. Akte im Stadtarchiv Erfurt, Akten-Nr. 1-1/IIk, Nr.4

273 Vgl. F. 1890, S.469 274 Vgl. Stöckhardt 1890, S.419ff

274a Vgl. Th/B XXXII, S.84 274b Vgl. Th/B XVII, S.286

275 Thüringer Zeitung vom 12.11.1887

276 Vgl. Thüringer Allgemeine Zeitung von 1890 (ca. 7.9.1890)

277 Die Tafel ist heute entfernt. Der Text lautete: "Begonnen unter Kaiser Wilhelm I.,1887, vollendet unter Kaiser Wilhelm II., 1890, Architekt H.Stöckhardt und Bildhauer Hoffmeister",vgl. Akte im Stadtarchiv Erfurt, Akten-Nr. 1-1/IIk, Nr.4

278 Zur Ikonographie des Obelisken vgl. Poeschke,J., Art. "Obelisk", in: Kirschbaum (Hrsg.), Lexikon der christlichen Ikonographie, Bd.3, Rom, Freiburg, Basel, Wien 1971, Sp.337

279 Der Deutung der Figur als Gewerbe (vgl. Thüringer Zeitung vom 12.11.1890) widerspricht ihr Attribut. Das Gewerbe wird durch eine Mauerkrone symbolisiert.

280 Siehe 2.3.3.2

281 Vgl. Thüringer Zeitung vom 12.11.1890

282 Siehe 2.2.2.1c

283 Siehe 3.11 283a Vgl. Th/B XXXV, S.143

284 Vgl. Stockbauer 1890/91, S.76-78

285 Vgl. Gebessler,A., Stadt und Landkreis Erlangen, Münden 1962, S,80

286 Vgl. Stockbauer 1890/91, S.78

287 Vgl. Hoffmann-Curtius,K., Das Programm der Fontana Maggiore in Perugia, Düsseldorf 1968

288 Vgl. Rautenberg 1965, S.104 ff. und 243 ff.

289 Vgl. Friedel 1974, S.28-58 290 Vgl. Volkmann 1911, Abb.41

291 Vgl. Illustrirte Zeitung vom 28.9.1878

291a Pfeiffer evt. falsch für Peiffer. Vgl. Th/B XXVI, S.527

292 Vgl. Allgemeine Illustrirte Zeitung, 1878-1879, Bd.41, 21. Jg.

293 Vgl. Zimmermann, Meyer,A., Bericht betreffend den künstlerischen Wert des Hansabrunnens und dessen Vollendung, vom 15.11.1878 (unpag.), Staatsarchiv Hamburg, Cl IV, Lit.B,Nr.2,Vol.3,Fasc.28

294 Siehe 3.8 (Beschreibung), Text der Inschriftstafel (Abb.8.8)

295 Vgl. Zimmermann,Meyer 1878

296 Die Illustrirte Zeitung vom 28.9.1878 beklagt ein "gewisses Gepräge von Magerkeit", das durch das Emporziehen der einzelnen Brunnenglieder entsteht.

297 Vgl. Voigt,J.F., Der Brunnen auf dem Hansaplatz, in: Mittheilungen des Vereins für Hamburgische Geschichte, Nr. 11, 1878, S.121-124

298 Vgl. Zimmermann,Meyer 1878

299 Voigt weist darauf hin, daß Adolf zur Zeit der Schlacht jünger war, als er hier dargestellt ist, und daß er hier ein Wappen trägt, das erst später aufgekommen ist. Vgl. Voigt 1878, S.123

300 Vgl. Zimmermann,Meyer 1878

301 Vgl. Brandt 1957, S.67-68

302 Vgl. Brief von Haller vom 10.3.1895, Staatsarchiv Hamburg, Rathausbaukommission 204

303 KCh, N.F.8, 1896/97, S.205

304 Vgl. Hunger 1974, S.69 f.

305 Vgl. Brief von Haller vom 19.3.1895, Staatsarchiv Hamburg, Rathausbaukommission 204

306 Vgl. Stauch,L., Art. "Drache", in: RDK, Bd. 4, Stuttgart 1958, Sp. 347

307 Vgl. Brandt 1957, S.68

308 Vgl. Adolph 1943, S.28

309 Auf dem Oceanusbrunnen in Florenz (Giovanni Bologna) steht die Figur ebenfalls auf einem figürlich ausgeschmückten Sockel über der Schale, vgl. Larsson 1967, Abb.36

310 Vgl. Friedel 1974, Abb.13-15

311 Vgl. Graefe 1968, S.134

312 Vgl. Protokoll der Bau-Kommission vom 12.3.1877 und Gutachten des Stadtbaumeisters Winkler vom 23.1.1880, Staatsarchiv Hamburg, Akten der Baukommission, Bestand 15B,VIII, 3b

313 Vgl. ZdB, 16, 1896, S.567

314 Vgl. DB, 31, 1897, S.260

315 Vgl. Vertrag vom 2o.12.1897, Staatsarchiv Hamburg, Bestand 15B,VIII,3b

316 Vgl. Altonaer Adressbuch 1900, Abschnitt VII, S.376

317 Vgl. Plagemann,V., Denkmäler und Brunnen in Hamburg, Flut 1771 - Feldzug 1870/71, Aachen 1973, S.535

318 Vgl. Hamburg und seine Bauten, hrsg. vom Architekten- und Ingenieursverein zu Hamburg, Bd. 2, Hamburg 1914, Abb.1205

319 Vgl. Graefe 1968, S.134 und Hamburger Abendblatt vom 14.9.1978 (Altonaer Nachrichten)

320 Vgl. Hamburg und seine Bauten 1914, Bd. 2, S.352 f. und Altonaer Adressbuch 1900, Abschnitt VII,S.376

321 1883: Kentaurenkampf von R. Begas, Berlin

322 Vgl. Hamburg und seine Bauten 1914, Bd. 2, S.354 f. und Altonaer Adressbuch 1900, Abschnitt VII, S.376

323 Siehe 2.2.2.2

324 Zur Person der Stifterin vgl. Kisch 1927, S.151-153

325 Mendebrunnen in ZdB 1886, S.360

326 Vgl. Mendebrunnen in ZdB 1886, S.360 (15. Mai) und DB, 26, 1886, S.146 (30.Juni)

327 Vgl. Mendebrunnen in ZdB 1886, S.360 f.

328 Vgl. ebd., S.365

329 Vgl. Kisch 1927, S.153

330 Beide Inschriften zit. nach Fechner 1887, S.18

331 Vgl. Kisch 1927, S.153

332 Vgl. Fechner 1887

333 Vgl. Fechner 1887

334 Siehe 2.2.2.1c und 3b (Herleitung)

335 Vgl. Colonna 1941, Taf. 1 und 2

336 Vgl. Peters 1891, S.513

337 Vgl. Architektonische Rundschau, 1, 1885, Heft 5, Taf.39

338 Vgl. ebd. (84 Entwürfe) und Peters 1891, S.513 (83 Entwürfe, davon 29 architektonische und 54 plastische)

339 Vgl. Architektonische Rundschau, 1, 1885, Heft 5, Taf.39

340 Vgl. Peters 1891, S.513-515

341 Information des Rates der Stadt Magdeburg vom 16.3.1981

342 Vgl. KCh, N.F.2, 1890/91, S.221

343 Vgl. Peters 1891, S.514

344 KCh, N.F.2, 1890/91, S.221

345 Zit. nach Peters 1891, S.514

346 Zit. nach ebd.

347 Siehe 3.6 (Ikonographie)

348 Siehe 3.11

348a Auch als Maschinentechnik gedeutet. Vgl. Th/B III, S.411

349 Vgl. Volkmann 1911, Abb. 141 und 148

350 Vgl. ebd., S.75 f.

351 Vgl. ebd., Abb.160

352 Verwaltungsbericht Mannheim, 1892-1894

353 Vgl. ebd., S.858

354 Vgl. Verwaltungsbericht der Großherzoglich Badischen Hauptstadt Mannheim, für die Jahre 1895-1899, 1. Bd., S.560, Stadtarchiv Mannheim, Bibliothek A 18/2

355 Generalanzeiger, Mannheim, vom 13.11.1898

356 Vgl. Neue Mannheimer Zeitung vom 17.4.1940

357 Verwaltungsbericht Mannheim 1895-1899, S.560

358 Vgl. Generalanzeiger, Mannheim, vom 13.11.1898

359 ebd.

360 Siehe 3.5

361 Vgl. Garin,P., Zwei Brunnen , in: DB, 33, 1899, S.164

362 Vgl. Wittstock 1978, S.19

363 Vgl. KfA, 3, 1888/89, S.60

363a Abb. bei Wittstock 1978

364 Vgl. Wittstock 1978, S.19-24

365 KfA, 5, 1890/91, S. 110

366 Vgl. Wittstock 1978, S.24-26

367 Vgl. F., Der Wittelsbacher Brunnen auf dem Maximilian-Platz in München, in: DB, 31, 1897, S.493

368 Vgl. Schricker 1895/96, S.121

369 Vgl. F. 1897, S.493

370 Vgl. Wittstock 1978, S.13 ff.

371 Zitiert nach ebd., S.15

372 Vgl. ebd., S.8

373 Zitiert nach Schmädel 1895, S.100

374 KfA, 5, 1890/91, S.110

375 KCh, N.F.2, 1890/91, S.139

376 Zu beiden Deutungen vgl. Schricker 1895/96, S.122

377 Vgl. Heilmeyer 1902, S.81

378 Schmädel 1895, S.100

379 Vgl. ebd.

380 Heilmeyer 1902, S.82

381 Schricker 1895/96, S.122

382 Zitiert nach Wittstock 1978, S.32

383 Siehe 3.11 (Ikonographie)

384 Vgl. Volkmann 1911, Abb.27

385 Vgl. KCh, N.F.2, 1890/91, S.50

386 Vgl. Nürnberger Stadtchronik, 1885-1888, Stadtarchiv Nürnberg, Rep. G1,Nr.12

387 Vgl. Nürnberger Stadtchronik, 1890, Stadtarchiv Nürnberg, Rep. G1,Nr.13

388 Vgl. Häußler 1977, S.28 f.

389 Vgl. Nürnberger Stadtchronik, 1890, Stadtarchiv Nürnberg, Rep. G1,Nr.13

390 Zitiert nach ebd.

391 Vgl. Häußler 1977, S.29

392 Vgl. Nürnberger Stadtchronik, 1890, Stadtarchiv Nürnberg, Rep. G1,Nr.13

393 Vgl. Hunger 1974, S.177 f.

394 Vgl. Swarzenski 1921, S.3

395 Vgl. Die Kunst, 13, 1906, S.480

396 Vgl. Schenkungurkunde von 1913, Stadtarchiv Worms, Urkundenabt., Urkunde 6/U-10: 10.2.1913

397 Vgl. Swarzenski 1921, S.3

398 Schenkungsurkunde von 1913, Stadtarchiv Worms, Urkundenabt., Urkunde 6/U-10: 10.2.1913

399 Vgl. Nibelungenlied, Strophe 912, 915

400 Vgl. Sattler 1932, S.53

401 Vgl. Volkmann 1911, Abb.14

402 Swarzenski 1921, S.5

403 Öffentlicher Aufruf vom 27.11.1890, in: Würzburger Telegraph vom 5.12.1890

404 Zu den Namen der weiteren Mitglieder vgl. Erinnerung 1894, S.8

405 Vgl. Würzburger Telegraph vom 5.12.1890 und Würzburger General-Anzeiger vom 15. und 29.12.1890

406 Vgl. Würzburger General-Anzeiger vom 15.12.1890

407 Vgl. Würzburger General-Anzeiger vom 17.1.1891

408 Vgl. Würzburger Telegraph vom 20.1.1891

409 Vgl. Würzburger General-Anzeiger vom 4.8.1893

410 Vgl. Erinnerung 1894, S.8

411 Vgl. Frankfurter Zeitung vom 5.6.1894

412 Die Eva ist nicht identisch mit dem Modell, an dem Riemenschneider hier arbeitet. vgl. Bruhns,H., Tilmann Riemenschneider, Königstein i. T. 1973, Abb. S.29 und 31

413 "Ich saz ûf eime steine, und dahte bein mit beine; dar ûf satzt ich den ellenbogen; ich hete in mîne hant gesmogen daz kinne und ein mîn wange." (zitiert nach: Echtermeyer, Deutsche Gedichte, Düsseldorf 1954, S.35) Siehe auch Anm. 136a

414 Siehe 2.2.2.1.a

415 Vgl. Wieselberger 1895, S.344

416 Fränkisches Volksblatt vom 6.6.1894

417 Vgl. Wieselberger 1895, S.345

418 Vgl. Main-Post vom 7.7.1949 und Fränkisches Volksblatt vom 20.7.1974

419 Vgl. DB, 29, 1895, S.371

419a Stadtarchiv Würzburg

420 Vgl. Keller 1975, S.312 f.

421 KCh, N.F.7, 1895, S.508

422 Vgl. Wehrhahn-Stauch, Art. "Delphin", in: Kirschbaum, Bd.1, 1968

423 Vgl. DB, 29, 1895, S.371 und KCh, N.F.7, 1895, S.508

424 Siehe 3.17 (Baugeschichte)

425 Siehe 2.2.2.1.a

4.2 LITERATURVERZEICHNIS

4.2.1 ARCHIVMATERIAL

BAMBERG, Stadtarchiv

Sig. Rep. C2, Tit.VI, Fach-Nr.655, Akten-Nr.6, Bd.1

Vertrag mit v.Miller vom 13.7.1878
Schriftwechsel und Protokolle, 1874 ff.
Archivierte Zeitungsartikel, 1880 ff., siehe Lit.-Verz. 4.2.3, 4.2.4

ERFURT, Stadtarchiv

Akte 1-1/IIk, Nr.4

Schriftwechsel, Kostenvoranschläge, Pläne
Archivierte Zeitungsartikel, siehe Lit.-Verz. 4.2.3, 4.2.4

ERLANGEN, Stadtarchiv

Fach 399/168

Akt "Errichtung eines Kunstbrunnens auf dem Marktplatz", 1879 ff.

HAMBURG, Staatsarchiv

Cl IV, Lit.B, Nr.2, Vol.3, Fasc.28 (Hansabrunnen)

Gutachten Zimmermann, Meyer vom 15.11.1878
Archivierte Zeitungsausschnitte, siehe Lit.-Verz. 4.2.3, 4.2.4

Rathausbaukommission 204 (Hygieiabrunnen)

Schriftwechsel der Rathausbaumeister
Vertrag mit v.Kramer vom Mai 1895
Vertrag mit Schlick & Sohn vom Februar 1895

Zeitungsausschnittsammlung A 143 Rathaus (Hygieiabrunnen)

Archivierte Zeitungsartikel, siehe Lit.-Verz. 4.2.3, 4.2.4

Akten der Baukommission, Bestand 15B, VIII, 3b (Stuhlmannbrunnen)

Protokolle der Baukommissiom, 1879
Gutachten Winkler vom 23.1.1880
Vertrag mit Türpe vom 20.12.1897
Vertrag mit Bommert vom 10.12.1897

MANNHEIM, Stadtarchiv

Bibliothek $\frac{A\ 18}{2}$

Verwaltungsberichte, 1892 ff.

Zeitgeschichtliche Sammlung S2/143-2

Archivierte Zeitungsartikel, siehe Lit.-Verz. 4.2.3, 4.2.4

NÜRNBERG, Stadtarchiv

Rep. G 1, Nr. 12,13,41,60

Stadtchronik, 1885 ff.

WORMS, Stadtarchiv

Urkundenabteilung

Schenkungsurkunde von Heyl v.Herrnsheim, Urkunde 6/U-10: 10.2.1913

WÜRZBURG, Stadtarchiv

Zeitgeschichtliche Sammlung

Erinnerung an den Besuch Seiner Königlichen Hoheit..., 1894
Archivierte Zeitungsartikel, siehe Lit.-Verz. 4.2.3, 4.2.4

4.2.2 PUBLIKATIONEN ZUR GESAMTPROBLEMATIK

ADOLPH, Renate, Die Entwicklung des Schalenbrunnens in Italien und Deutschland, Diss. Berlin 1943

ASCHOFF, Wiebke, Studien zu Niccolo Tribolo, Diss. Frankfurt a.M. 1967

BAUER, Bruno, Die bürgerliche Revolution in Deutschland seit dem Anfang der deutsch-katholischen Bewegung bis zur Gegenwart, Aalen 1967

BLAUENSTEIN, Kurt, Georg Raphael Donner, Wien 1944

BLOCH, Peter, Bemerkungen zu Berliner Skulpturen des 19. Jahrhunderts, in: Jahrbuch preußischer Kulturbesitz, Bd.8, 1970, S.163 ff.

BLOCH, Peter, GRZIMEK, Waldemar, Das klassische Berlin, Berlin, Wien 1978

BRAUNFELS, Wolfgang, Der Kölner Hildebrand-Brunnen, in: Wallraf-Richartz-Jahrbuch 17, 1955, S.189 ff.

BORRMANN, Richard, Monumentale Wasserkunstanlagen im Städtebau des Altertums und der neueren Zeit, in: Städtebauliche Vorträge aus dem Seminar für Städtebau an der T.H. Berlin, Bd.3, Heft 5, Berlin 1910

BRINKMANN, A.E., Platz und Monument, Berlin 1923

COLONNA, Gustavo Brigante, Römische Brunnen, Novara 1941

CORRELL, Ferdinand, Deutsche Brunnen, Frankfurt a.M. 1903

DELVOS, H., Geschichte der Düsseldorfer Denkmäler, Gedenktafeln und Brunnen, Düsseldorf 1938

EBE, Gustav, Die Dekorationsformen des 19.Jahrhunderts, Hamburg 1900

EBE, Gustav, Die Monumentalbrunnen im Straßenbau, in: Der Städtebau 1904

ENGELBERG, Ernst, Deutschland von 1871 bis 1897, in: Deutsche Geschichte, Bd.2, Berlin 1965

FASSL, Erich, Der Brunnen in Südwestdeutschland, Stuttgart 1966

FRIEDEL, Helmut, Bronzebildmonumente in Augsburg 1589 - 1606, Augsburg 1974

GARIN, Paul, Zwei Brunnen, in: DB, 33, 1899, S.150 ff.

GRAEFE, Heinz Arthur, Denkmäler und Brunnen in Deutschland, München 1968

GRAMBERG, Werner, Giovanni Bologna - eine Untersuchung über die Werke seiner Wanderjahre (bis 1567), Berlin 1936

GROLLE, Joist und Ingeborg, "Der Hort im Rhein" Zur Geschichte eines politischen Mythos, in: Schulin,E. (Hrsg.), Gedenkschrift Martin Göhring, Wiesbaden 1968, S.214 ff.

GRZIMEK, Waldemar, Deutsche Baukunst des zwanzigsten Jahrhunderts, München 1969

HEIDENREICH, Ludwig, Italienische Renaissance, Anfänge und Entfaltung, München 1972

HEUBACH, Alfred, Monumentalbrunnen Deutschlands, Österreichs und der Schweiz aus dem 13. bis 18.Jahrhundert, Leipzig 1902/03

HIRSCHFELD, Peter, Mäzene - Die Rolle des Auftraggebers in der Kunst, Kunstwissenschaftl. Studien, Bd.40, Berlin 1968

HOFFMANN-CURTIUS, Kathrin, Das Programm der Fontana Maggiore in Perugia, Düsseldorf 1968

KASPER, Ferdinand, Brunnen, eine architektonisch-kritische Betrachtung, Frankfurt a.M. 1930

KAUFFMANN, Hans, Giovanni Lorenzo Bernini - Die figürliche Komposition, Berlin 1970

KRANZ-MICHAELIS, Charlotte, Rathäuser im deutschen Kaiserreich 1871-1918, München 1976

KIEWERT, Walter, Der Schöne Brunnen, Dresden 1956

LANGEWIESCHE Blaue Bücher (Reihe), Tore, Türme und Brunnen aus 4 Jahrhunderten deutscher Vergangenheit, Leipzig 1936

LARSSON, Lars Olof, Adrian de Vries, Wien, München 1967

LILL, Georg, Art. "Brunnen", in: RDK, Bd.2, Stuttgart 1948, Sp.1278 ff.

LINDNER, Werner, Schöne Brunnen in Deutschland, Berlin 1920

LUX, Joseph, Schöne Brunnen, in: Der Städtebau, 1, 1904, S.134 ff.

MARSCHALL, Hans, Deutsches Bürgertum im Streben nach Einheit und Freiheit, Berlin 1962

MEINTEL, Paul, Schweizer Brunnen, Frauenfeld, Leipzig 1931

MERZ, Ludwig, Pinienzapfen auf Brunnen, Ursprung und Bedeutung, in: Badische Heimat 1973

MITTIG, Hans-Ernst, Wandlungen des deutschen Denkmals im frühen 20.Jahrhundert, in: Sitzungsberichte der kunstgeschichtlichen Gesellschaft zu Berlin, Berlin 1970/71

MITTIG, Hans-Ernst, PLAGEMANN, Volker (Hrsg.), Denkmäler im 19.Jahrhundert, Passau 1972

NEUMANN, G., Der Brunnen in Stadt und Land, in: Deutsche Bauhütte 1906, S.4 ff.

NIPPERDEY, Thomas, Nationalidee und Nationaldenkmal in Deutschland im 19.Jahrhundert, in: Historische Zeitschrift, 206, 1968, S.529 ff.

OSTEN, Gerd v.d., Plastik des 19.Jahrhunderts in Deutschland, Österreich und der Schweiz, Königstein im Taunus 1961

OSTERRITTER, Theodor, Alte Brunnen mit kirchlichen Bezügen, in: Archiv für christliche Kunst 1905, Nr.4, S.37 ff., Nr.5, S.49 ff.

PALMADE, Guy (Hrsg.), Das bürgerliche Zeitalter, Fischer Weltgeschichte, Bd.27, Frankfurt a.M. 1974

PETERSEN, E., Pigna-Brunnen, in: Römische Mitteilungen 1903, S.312 ff.

PFANNSCHMIDT, Ernst Erich, Wasserspiele - Brunnen, Quellen und Fontänen, Tübingen 1967

POPE-HENNESSY, John, Italian High Renaissance and Baroque Sculpture, London, New York 1970

RAUTENBERG, Anneliese, Mittelalterliche Brunnen in Deutschland, Diss. Freiburg 1965

REIN, Berthold, Der Brunnen im Volksleben, München 1912

REYBEKIEL, Waclaw, Der "Fons vitae" in der christlichen Kunst, in: Niederdeutsche Zeitschrift für Volkskunde 1934

RICHTER, Luise Maria, Siena, Leipzig 1915

RIEMANN, Robert, Schwarzrotgold. Die politische Geschichte des Bürgertums seit 1815, Leipzig 1921

RÖTHEL, Hans Konrad, Die Hansestädte, München 1955

SCHAARSCHMIDT, F., Zur Geschichte der Düsseldorfer Kunst inbesondere im XIX.Jahrhundert, Düsseldorf 1902

SCHUBERT, Claire, Die Brunnen in der Schweiz, Frauenfeld 1885

SCHÜLLER-PIROLI, 2000 Jahre Sankt Peter, Olten 1950

SIMSOM, Otto Georg von, Zur Genealogie der weltlichen Apotheose im Barock, Straßburg 1943, S.243

STRZYGOWSKI, Joseph, Der Pinienzapfen als Wasserspeier, in: Römische Mitteilungen 1903, S.185 ff.

STÜBBEN, J., Hygiene des Städtebaus, in: Weyl's Handbuch der Hygiene, Bd.4, Abt.2, Leipzig 1914

TRIER, E. und andere (Hrsg.), Skulpturen des 19.Jahrhunderts im Rheinland, Düsseldorf 1975

UNDERWOOD, Paul, The Fountain of Life in the Manuscripts of the Gospels, in: Dumbarton Oaks Papers, Bd.5, 1950, S.41 ff.

VOLKMANN, Hans, Die künstlerische Verwendung des Wassers im Städtebau, Berlin 1911

VOLLMER, Johannes, Schwäbische Monumentalbrunnen, Berlin 1906

WADELL, Maj-Britt, Fons Pietatis, Göteborg 1969

O.V. (g.), Die Wasserversorgung von Kunstbrunnen, in: ZdB, 24, 1904, S.538 ff.

O.V., Der Brunnen auf dem Altstadtmarkt in Braunschweig, Braunschweig 1952

O.V., Grundsätze für das Verfahren bei öffentlichen Konkurrenzen (Stadtarchiv Bamberg, Sig.Rep.C2), o.O., o.J.

O.V., Monumentale Brunnenbauten, in: KCh, 1, 1866, S.26 ff.

O.V., Über das Konkurrenzwesen bei künstlerischen Wettbewerben, in: Die Kunst, 15, 1907, S.405 ff.

4.2.3 PUBLIKATIONEN ZUM KATALOG

BAMBERG, MAXIMILIANSBRUNNEN (1)

LEITHERER, H., Bamberg, Bamberg 1950

LEITSCHUH, T., Bamberg, Bamberg 1914

MAYER, Heinrich, Bamberg als Kunststadt, Bamberg, Wiesbaden 1955

STOLLREITHER, Eugen (Hrsg.), Ferdinand von Miller erzählt, München 1931

Aufsätze und Zeitungsartikel ohne Verfasserangabe:

Bamberg und Ferdinand Freiherr von Miller, in: Bamberger Volksblatt vom 28.12.1929

Das Rondell um den Maxbrunnen..., in: Neues Volksblatt vom 18.11.1950

Der Brunnen auf dem Maximiliansplatz zu Bamberg, in: DB, 13, 1879, S.313

Die Jubiläumsfeier in Bamberg, in: Bamberger Neueste Nachrichten vom 26., 27., 30.8.1880

Ein Aktenbündel um ein Denkmal, in: Fränkischer Tag vom 1.7.1950, S.14

Erst in diesem Sommer..., in: Fränkischer Tag vom 10.11.1959, S.11

Grober Unfug am Maxbrunnen, in: Volksblatt vom 10.11.1959

Kulturkreis setzt sich für Maxdenkmal ein, in: Neues Volksblatt vom 12.2.1953

Make-up für den metallenen Max, in: Fränkischer Tag vom 4.7.1959, S.11

Monumentaler Brunnen in Bamberg, in: KCh, 13, 1878, S.198, 562,742

Prinz Luitpold - Adressen - Festzug - Der Brunnen, in: Süddeutsche Presse vom 12.8.1880

BERLIN, WRANGELBRUNNEN (2)

Bauwerke und Kunstdenkmäler von Berlin; Bezirk Tiergarten, Berlin 1955

BLOCH, Peter, GRZIMEK, Waldemar, Das klassische Berlin, Berlin, Wien 1978

HOCH, Otto, Kunstgeschichtliche Wanderungen durch Berlin, Berlin o.J. (vor 1902)

Reclams Kunstführer - Deutschland IV - Berlin, 3.Aufl., Stuttgart 1980

Aufsätze und Zeitungsartikel ohne Verfasserangabe:

Ein neuer Brunnen in Berlin, in: KCh, 12, 1877, S.422

Wrangelbrunnen (Zu unseren Lichtdrucken), in: Bau- & Kunstgewerbe-Zeitung für das Deutsche Reich 1880, S.61 f. und Taf.30

Zierbrunnen in Berlin, in: Telegraph - Nacht-Depesche vom 26.8.1968

BERLIN, NEPTUNBRUNNEN (3)

BLOCH, Peter, GRZIMEK, Waldemar, Das klassische Berlin, Berlin, Wien 1978

BREITENBORN, D., Berliner Wasserspiele, Ost-Berlin 1974

GURLITT, Cornelius, Zur Kritik des neuen Berliner Schloßbrunnens, in: ZdB, 11, 1891, S.473 f.

HEILMEYER, Alexander, Die Plastik seit Beginn des 19.Jahrhunderts, Leipzig 1907, S.44 f., Abb.8

MEYER, A., Reinhold Begas, Bielefeld, Leipzig 1901

OSBORN, Max, Berlin, ein Rundgang in Bildern durch das alte und neue Berlin, Berlin 1910

RAVE, Paul Ortwin, Karl Friedrich von Schinkels Lebenswerk, Bd. Berlin 3, Berlin 1962

Reclams Kunstführer - Deutschland IV - Berlin, Stuttgart 1980

ROSENBERG, A. und andere, Reinhold Begas, in: ZfbK, N.F.8, 1896/97, S.138

Aufsätze und Zeitungsartikel ohne Verfasserangabe:

(A.R.), Ein von Reinhold Begas entworfener monumentaler Brunnen, in: KCh, N.F.3, 1891/92, S.76 f.

(H), Der Schloßbrunnen in Berlin, in: DB, 25, 1891, S.597 ff.

Als ein Geschenk..., in: DB, 22, 1888, S.511

Begas-Brunnen auf dem Schloßplatz zu Berlin, in: DB, 24, 1890, S.102 f.

Berlin, in: KfA, 5, 1889/90, S.61,111
6, 1890/91, S.45
7, 1891/92, S.11,42,74 f.,92

Der Kaiserbrunnen für den Schloßplatz in Berlin, in: Wiener Bauindustrie-Zeitung, 6, 1889, S.169

Der neue Brunnen am Schloßplatze in Berlin, in: Wiener Bauindustrie-Zeitung, 8, 1891, S.529

Monumentaler Zierbrunnen in Berlin, in: Wiener Bauindustrie-Zeitung, 4, 1887, S.489

BREMEN, TEICHMANNBRUNNEN (4)

HOFMANN, Albert, Der Teichmann-Brunnen in Bremen, in: DB, 33, 1899, S.655 ff.

OSTINI, Fritz v., Ein neuer Monumentalbrunnen von Rudolf Maison, in: SB, 9, 1899, S.393 f.

OSTINI, Fritz v., Rudolf Maison, in: Die Kunst, 3, 1900/01, S.131 ff.

Aufsätze und Zeitungsartikel ohne Verfasserangabe:

(Rp.), Das bremische Bismarckdenkmal, in: ZdB, 24, 1904, S.179

Bremen, in: Die Kunst, 2, 1899/1900, S.142

Brunnen in Bremen und Königsberg i/Pr., Deutsche Konkurrenzen, Bd.5, Heft 4, Nr.52, Leipzig 1895

Prof. Maisons preisgekrönter Brunnenentwurf, in: KCh, N.F.6, 1894/95, S.296

Wettbewerb um Entwürfe..., in: DB, 29, 1895, S.120

DRESDEN, "STILLES WASSER" (5a) UND "STÜRMISCHE WOGEN" (5b)

LIER, H.A., Die neuen Dresdner Monumentalbrunnen, in: ZfbK, N.F.6, 1894/95, S.89 ff.

SCHUMANN, Paul, Robert Diez, in: KfA, 10, 1895, S.129 ff., 145 ff.

Aufsätze und Zeitungsartikel ohne Verfasserangabe:

(C.C.), Ausstellung von Brunnenmodellen in Dresden, in: KCh, 15, 1880, S.679 f.

Dresden, in: KfA, 4, 1889/90, S.61 f., 299 f.
7, 1892/93, S.280

Dresden, in: KCh, N.F. 7, 1895/96, S.30

Neue Monumentalbrunnen in Dresden, in: DB, 28, S.506

Robert Diez, in: KCh, 23, 1888/89, S.155
N.F.4, 1892/93, S.412

ERFURT, MONUMENTALBRUNNEN (6)

STÖCKHARDT, Heinrich, Monumentalbrunnen in Erfurt, in: Zeitschrift für Bauwesen, 40, 1890, S.419 ff., Taf.67

Aufsätze und Zeitungsartikel ohne Verfasserangabe:

(F.), Monumental-Brunnen in Erfurt, in: DB, 26, 1890, S.469 ff.

Ansprache von Bürgermeister Schneider, in: Thüringer Allgemeine Zeitung vom 6.9.1890

Artikel in der Thüringer Zeitung vom 12.11.1887

ERLANGEN, PAULIBRUNNEN (7)

GEBESSLER, August, Stadt und Landkreis Erlangen, aus der Reihe: Bayrische Kunstdenkmäler, München 1962

STOCKBAUER, J., Der Paulibrunnen in Erlangen, in: ZfbK, N.F.2, 1890/91, S.78 ff.

THIEME/BECKER XXXV, S.143

HAMBURG, HANSABRUNNEN (8)

GENSLER, Martin, Der neue Brunnen auf dem Hansaplatz in St.Georg, in: Hamburger Nachrichten, Juli 1878

Hamburg und seine Bauten, Hamburg 1899

PLAGEMANN, Volker, Denkmäler und Brunnen in Hamburg, Flut 1771 - Feldzug 1870/71, Habil.-Schr. Aachen 1973
THIEME/BECKER XXVI, S.527 und 350
VOIGT, J.F., Der Brunnen auf dem Hansaplatz, in: Mitteilungen des Vereins für Hamburgische Geschichte 1878, S.121 ff.

ZIMMERMANN, MEYER, A., Bericht betreffend den künstlerischen Werth des Hansabrunnens und dessen Vollendung, Hamburg 1878 (Staatsarchiv Hamburg)

Aufsätze und Zeitungsartikel ohne Verfasserangabe:

(Bm), Der Hansa-Brunnen in Hamburg, in: DB, 12, 1878, S.347

(H.S.), Der große Brunnen auf dem Hansaplatz, in: Hamburger Correspondent vom 16.7.1878

(J.W-e.), Der Hansabrunnen in Hamburg, in: Illustrirte Zeitung vom 28.9.1878, S.231 f.

Der neue Brunnen auf dem Hansaplatz in Hamburg, in: Allgemeine Illustrirte Zeitung, Bd.41, Jg.21, 1878-1879

Heute morgen..., in: Hamburger Correspondent vom 11.7.1878

HAMBURG, HYGIEIABRUNNEN (9)

BIERMANN-RATJEN, Hans Harder, Das Hamburger Rathaus, Hamburg 1969

BRANDT, Heinz Jürgen, Das Hamburger Rathaus, Hamburg 1957

PLAGEMANN, Volker, Denkmäler und Brunnen in Hamburg, Flut 1771 - Feldzug 1870/71, Habil.-Schr. Aachen 1973

RAU, Günther, Frischer Wind durch die Amtsstuben, in: Die Welt vom 31.12.1956

VERS, Erich, Unser Rathaus, Hamburg 1977

Aufsätze und Zeitungsartikel ohne Verfasserangabe:

(T.S.), Hamburg, in: KCh, N.F.8, 1896/97, S.205

Brunnenfiguren, in: Wiener Bauindustrie-Zeitung, 22, 1905, S.106

Rathausbrunnen, in: Hamburgischer Korrespondent vom 9.11. 1896, Mittags-Ausgabe

HAMBURG, STUHLMANNBRUNNEN (10)

Altonaer Adressbuch, Abschnitt VII, Altona 1900

GRAEFE, Heinz Arthur, Denkmäler und Brunnen in Deutschland, München 1968

GRUNDMANN, Günther, Die Bau- und Kunstdenkmale der freien und Hansestadt Hamburg, Bd.2: Altona und Elbvororte, Hamburg 1959

Hamburg und seine Bauten unter Berücksichtigung seiner Nachbarstädte Altona und Wansbek, Hamburg 1914

PLAGEMANN, Volker, Denkmäler und Brunnen in Hamburg, Flut 1771 - Feldzug 1870/71, Habil.-Schr. Aachen 1973

Aufsätze und Zeitungsartikel ohne Verfasserangabe:

In dem Wettbewerb..., in: DB, 31, 1897, S.260

Nun ist der Stuhlmann-Brunnen wieder da, in: Hamburger Abendblatt vom 14.9.1978

Zur Erlangung von Entwürfen, in: ZdB, 16, 1896, S.567

LEIPZIG, MENDEBRUNNEN (11)

FECHNER, Gustav Theodor, Zur Kritik des Leipziger Mendebrunnens, Leipzig 1887

KISCH, Egon Erwin, Wagnisse in aller Welt, Berlin 1927

Aufsätze und Zeitungsartikel ohne Verfasserangabe:

(A), Zur Kritik des Mendebrunnens von F., in: Der Kunstwart, 1, 1887, S.32

(an.), Leipzig, in: KCh, 20, 1885/86, S.715 ff.

(F), Die Architektur auf der diesjährigen Kunstausstellung zu München, in: DB, 17, 1883, S.493 f.

Bei der zweiten, engeren Concurrenz..., in: ZdB, 2, 1882, S.402

Der Mendebrunnen auf dem Augustusplatze in Leipzig, in: ZdB, 6, 1886, S.360 ff.

Der Mendebrunnen vor dem Museum auf dem Augustusplatze in Leipzig, in: ZfB, 36, 1886, S.479 ff., Atlas, Taf.61

Konkurrenz für Entwürfe..., in: DB, 16, 1882, S.332

Monumentaler Brunnen, in: Wiener Bauindustrie-Zeitung, 3, 1886, S.560

Zu unseren Lichtdrucken, in: Bau- und Kunstgewerbe-Zeitung für das Deutsche Reich, 3, 1887/88, S.141 ff.

MAGDEBURG, HASSELBACHBRUNNEN (12)

PETERS, Der Hasselbach-Brunnen in Magdeburg, in: DB, 25, 1891, S.513 ff.
THIEME/BECKER III, S.411

Aufsätze und Zeitungsartikel ohne Verfasserangabe:

Konkurrenz für Entwürfe, in: DB, 16, 1882, S.146,522

Monumentaler Brunnen in Magdeburg, in: KCh, N.F.2, 1890/91 S.221

Tafel 39 - Konkurrenz-Entwurf zum Hasselbach-Denkmal, in: Architektonische Rundschau, 1, 1885, Heft 5, Taf.39

MANNHEIM, SCHLOSSBRUNNEN (13a,b)

Verwaltungsbericht der Stadt Mannheim, Mannheim 1892 ff. (Stadtarchiv Mannheim)

Aufsätze und Zeitungsartikel ohne Verfasserangabe:

(M.S.), Götterdämmerung im Schloßhof, in: Neue Mannheimer Zeitung vom 17.4.1940

Aus Stadt und Land - Die Brunnen im Schloßhofe, in: Generalanzeiger vom 13.11.1898

Mannheim, in: KfA, 13, 1898/99, S.94 f.

MÜNCHEN, WITTELSBACHERBRUNNEN (14)

ALKENS, August, München in Stein und Erz, Mainburg 1973

BISTRITZKI, Otto Joseph, Brunnen in München, München 1974

GARIN, Paul, Zwei Brunnen II, in: DB, 33, 1899, S.164 ff.

GRAEFE, Heinz Arthur, Denkmäler und Brunnen in Deutschland, München 1968

HEILMEYER, Alexander, Adolph Hildebrand, Bielefeld, Leipzig 1902

HEILMEYER, Alexander, Die Plastik seit Beginn des 19.Jahrhunderts, Leipzig 1907, S.57 f., Abb.13

München und seine Bauten, München 1912

SATTLER, Dietrich, Adolf von Hildebrand und die Architektur, Diss. München 1932

SCHMÄDEL, J.v., Der Wittelsbacher Brunnen am Maximiliansplatz in München, in: Die Kunst unserer Zeit, 1895, S.99 ff.

SCHRICKER, A., Der Wittelsbacher Brunnen in München, in: ZfbK, N.F.7, 1895/96, S.121 ff.

STEINACH, W., Der Wittelsbacher Brunnen auf dem Maximiliansplatz in München, in: SB, 5, 1895, S.225 f.

WITTSTOCK, Jürgen, Adolf Hildebrands Hauptwerk - Der Wittelsbacher Brunnen in München, in: Oberbayrisches Archiv, 101, 1978, S.7 ff.

Aufsätze und Zeitungsartikel ohne Verfasserangabe:

(F.), Der Wittelsbacher Brunnen auf dem Maximilian-Platz in München, in: DB, 31, 1897, S.493 f.

(M.N.N.), München, in: KCh, N.F.2, 1890/91, S.139

Der Brunnen auf dem Maximiliansplatz in München, in: SB, 4, 1894, S.396 f.

NÜRNBERG, EISENBAHNBRUNNEN (15)

HÄUSSLER, Helmut, Brunnen, Denkmale und Freiplastiken in Nürnberg, Nürnberg 1977

FEHRING, Günther, RESS, Anton, Die Stadt Nürnberg, aus der Reihe: Bayrische Kunstdenkmäler, München 1961

Aufsätze und Zeitungsartikel ohne Verfasserangabe:

(t.t.), Nürnberg, in: KfA, 5, 1890/91, S.77

(t.t.), Nürnberg, in: KCh, N.F.2, 1890/91, S.50

WORMS, SIEGFRIEDBRUNNEN (16)

SATTLER, Dietrich, Adolf von Hildebrand und die Architektur, Diss. München 1932

SWARZENSKI, Der Siegfriedbrunnen in Worms, Frankfurt 1921

Aufsätze und Zeitungsartikel ohne Verfasserangabe:

Worms, in: Die Kunst, 13, 1906, S.480

WÜRZBURG, FRANKONIABRUNNEN (17)

GRAEFE, Heinz Arthur, Denkmäler und Brunnen in Deutschland, München 1968

MEMMINGER, Thomas, Würzburgs Straßen und Bauten. Ein Beitrag zur Heimatkunde, Würzburg 1921

WOERL, Leo (Hrsg.), Illustrierter Führer durch Würzburg und Umgebung, 17.Aufl., Leipzig 1907

Aufsätze und Zeitungsartikel ohne Verfasserangabe:

(D), Würzburger Brunnen (2) - "Friedliche Frankonia", in: Fränkisches Volksblatt vom 27.7.1974

(R.V.), Würzburger Brunnen, in: Fränkisches Volksblatt vom 26.6.1934

Der Beitrag Würzburgs zum Monumentalbrunnen, in: Würzburger Telegraph vom 29.1.1891

Der Luitpold-Monumentalbrunnen, in: Neue Würzburger Zeitung vom 3.6.1894

Der Monumentalbrunnen in Würzburg, in: Würzburger General-Anzeiger vom 27.12.1890, 2.1.1891, 17.1.1891

Der 70. Geburtstag Sr. Kgl. Hoheit des Prinzregenten, in: Würzburger General-Anzeiger vom 15.12.1890

Der Würzburger Monumental-Brunnen, in: Frankfurter Zeitung vom 5.6.1894

Erinnerung an den Besuch Seiner Königlichen Hoheit des Prinzregenten Luitpold, anläßlich der Enthüllung des Monumentalbrunnens auf dem Residenzplatz in Würzburg am 3. Juni 1894 (Stadtarchiv Würzburg)

Noch ist's Zeit! in: Würzburger General-Anzeiger vom 4.8.1893

Öffentlicher Aufruf, in: Würzburger Telegraph vom 5.12.1890

WÜRZBURG, KILIANSBRUNNEN (18)

MEMMINGER, Thomas, Würzburgs Straßen und Bauten. Ein Beitrag zur Heimatkunde, Würzburg 1921

WIESELBERGER, M., St.Kiliansbrunnen in Würzburg, in: SB, 5, 1895, S.343 ff.

WOERL, Leo, Illustrierter Führer durch Würzburg und Umgebung, 17.Aufl., Leipzig 1907

Aufsätze und Zeitungsartikel ohne Verfasserangabe:

(A.P.), Der Kiliansbrunnen, in: Main-Post vom 7.7.1949

(D.), Würzburger Brunnen (1) - Geschenk des Prinzregenten, in: Fränkisches Volksblatt vom 20.7.1974

(R.V.), Würzburger Brunnen, in: Fränkisches Volksblatt vom 28.6.1934

Der "Kiliansbrunnen" auf dem Bahnhofsplatze in Würzburg, in: Neue Bayrische Landeszeitung vom 5.7.1895

Der Kiliansbrunnen in Würzburg, in: DB, 29, 1895, S.371

Ein von Prinzregent Luitpold der Stadt Würzburg gestifteter Monumentalbrunnen..., in: KCh, N.F.7, 1895, S.508

4.2.4 ZEITGENÖSSISCHE PERIODISCHE PUBLIKATIONEN

Allgemeine Illustrirte Zeitung, Hamburg
Architektonische Rundschau
Bamberger Neueste Nachrichten
Baugewerks-Zeitschrift
Bau- und Kunstgewerbe-Zeitung für das Deutsche Reich
Beilagen zur Deutschen Bauzeitung
Berliner Architekturwelt
Das Werk
Der Profanbau
Der Städtebau
Deutsche Bauhütte
Deutsche Bauzeitung (zit.: DB)
Die Kunst
Die Kunst für Alle (KfA)
Die Kunst unserer Zeit
Frankfurter Zeitung
Generalanzeiger, Mannheim
Hamburger Nachrichten
Hamburgischer Korrespondent (=Correspondent)
Illustrirte Zeitung, Hamburg
Kunstchronik (KCh)
Leipziger Bauzeitung
Neue Bayrische Landeszeitung
Neue Würzburger Zeitung
Schweizerische Bauzeitung
Süddeutsche Bauhütte
Süddeutsche Bauzeitung (SB)
Süddeutsche Presse, München
Thüringer Allgemeine Zeitung
Thüringer Zeitung

Wiener Bauindustrie-Zeitung
Würzburger General-Anzeiger
Würzburger Stadt- und Landbote
Würzburger Telegraph
Zeitschrift für Bauwesen (ZfB)
Zeitschrift für bildende Kunst (ZfbK)
Zentralblatt (=Centralblatt) der Bauverwaltung (ZdB)

4.2.5 BIBLIOGRAPHISCHE UND LEXIKALISCHE HILFSMITTEL

FUCHS, Konrad, RAAB, Heribert, dtv-Wörterbuch zur Geschichte, 2 Bde., München 1972

HEINZ-MOHR, Gerd, Lexikon der Symbole, Düsseldorf, Köln 1971

HUNGER, Herbert, Lexikon der griechischen und römischen Mythologie, Hamburg 1974

JAHN, Johannes, Wörterbuch der Kunst, Stuttgart 1979

KELLER, Hiltgart, Reclams Lexikon der Heiligen und der biblischen Gestalten, Stuttgart 1975

KINDER, Herrmann, HILGEMANN, Werner, dtv-Atlas zur Weltgeschichte, 2 Bde., 9.Aufl., München 1974

KIRSCHBAUM, Engelbert (Hrsg.), Lexikon der christlichen Ikonographie, 8 Bde., Rom, Freiburg, Basel, Wien 1968 ff.

KLAUSNER, Theodor (Hrsg.), Reallexikon für Antike und Christentum, 10 Bde., Stuttgart 1950 ff.

KOEPF, Hans, Bildwörterbuch der Architektur, Stuttgart 1974

Lexikon der Kunst, 5 Bde., Leipzig 1968 ff.

LURKER, Manfred, Wörterbuch der Symbolik, Stuttgart 1979

MÜLLER, Werner, VOGEL, Gunther, dtv-Atlas zur Baukunst, 2 Bde., München 1974, 1981

PEVSNER, Nikolaus und andere, Lexikon der Weltarchitektur, 2 Bde., Hamburg 1976

Reallexikon zur Deutschen Kunstgeschichte, 6 Bde., Stuttgart 1937 ff., München 1973

THIEME, Ulrich, BECKER, Felix (Hrsg.), Allgemeines Lexikon der bildenden Künstler, 36 Bde., Leipzig 1907 ff.

WAETZOLD, Stephan (Hrsg.), Bibliographie zur Architektur im 19.Jahrhundert, Bd.2, Nendeln 1977

ZIEGLER, Konrad, SONTHEIMER, Walther (Hrsg.), Der Kleine Pauly, Lexikon der Antike, 5 Bde., München 1979

4.3 VERZEICHNIS DER ABKÜRZUNGEN

DB	Deutsche Bauzeitung
KCh	Kunstchronik
KfA	Die Kunst für Alle
RDK	Reallexikon zur Deutschen Kunstgeschichte
SB	Süddeutsche Bauzeitung
Th/B	Thieme, Becker, Allgemeines Lexikon der bildenden Künstler
ZdB	Zentralblatt der Bauverwaltung
ZfB	Zeitschrift für Bauwesen
ZfbK	Zeitschrift für bildende Kunst

4.4 VERZEICHNIS DER ABBILDUNGEN

8 Berlin, Neptunbrunnen, Reinhold Begas, 1891
9 Neptunbrunnen, Neptungruppe
10 Neptunbrunnen, Beckenfigur "Rhein"
11 Neptunbrunnen, Beckenfigur "Weichsel"
12 Neptunbrunnen, Beckenfigur "Oder"
13 Neptunbrunnen, Beckenfigur "Elbe"
14 Bremen, Teichmannbrunnen, Rudolf Maison, 1899
15 Teichmannbrunnen
16 Dresden, "Stilles Wasser", Robert Diez, 1894
17 "Stilles Wasser"
18 "Stilles Wasser", Sockelfiguren
19 Dresden, "Stürmische Wogen", Robert Diez, 1894
20 "Stürmische Wogen"
21 Erfurt, Monumentalbrunnen, Stöckhardt/Hoffmeister, 1890
22 Erlangen, Paulibrunnen, Friedrich Wanderer, 1889
23 Paulibrunnen, "Universität 23a Paulibrunnen, "Erlangia"
24 Hamburg, Hansabrunnen, Engelbert Pfeiffer, 1878
25 Hansabrunnen, Nischenfigur Konstantin
26 Hansabrunnen, Nischenfigur Karl der Große
27 Hansabrunnen, Nischenfigur Ansgar
28 Hansabrunnen, Nischenfigur Adolf IV von Schauenburg
29 Hamburg, Hygieiabrunnen, Joseph von Kramer, 1896
30 Hygieabrunnen
31 Hamburg-Altona, Stuhlmannbrunnen, Paul Türpe, 1900
32 Stuhlmannbrunnen, Kentaurengruppe
33 Leipzig, Mendebrunnen, Joseph Ungerer, 1886
34 Magdeburg, Hasselbachbrunnen, Karl Bergmeier, 1890
35 Mannheim, Schloßbrunnen, Gustav Eberlein, 1898
36 Schloßbrunnen, Sockel
37 Mannheim, Schloßbrunnen, Gustav Eberlein, 1898
38 Schloßbrunnen, Sockel
39 München, Wittelsbacherbrunnen, Adolf von Hildebrand, 1895
40 Wittelsbacherbrunnen, Seitenfigur
41 Wittelsbacherbrunnen, Seitenfigur
42 Nürnberg, Eisenbahnbrunnen, Heinrich Schwabe, 1890
43 Eisenbahnbrunnen, Sockelfigur "Fürth"

44 Eisenbahnbrunnen, Sockelfigur "Nürnberg"
45 Worms, Siegfriedbrunnen, Adolf von Hildebrand, 1913/21
46 Würzburg, Frankoniabrunnen, Ferdinand von Miller, 1894
47 Frankoniabrunnen, Sockelfigur Walther von der Vogelweide
48 Frankoniabrunnen, Sockelfigur Tilman Riemenschneider
49 Frankoniabrunnen, Sockelfigur Matthias Grünewald
50 Würzburg, Kiliansbrunnen, Balthasar Schmitt, 1895
51 Kiliansbrunnen, Bekrönungsfigur Kilian
52 Kiliansbrunnen, Relief (Weinlese)
53 Kiliansbrunnen, Relief (Fischfang)

4.5 ABBILDUNGSNACHWEIS

Deutsche Fotothek, Dresden: 19,33
Landesbildstelle Bremen: 14,15
Lier 1894/95: 20
Rat der Stadt Magdeburg: 34
Stadtarchiv Erfurt: 21
Stadtarchiv Mannheim: 35,36,37,38
Stadtarchiv Worms: 45
Alle übrigen: private Aufnahmen

Abb. 1

Abb. 2

Abb. 3

Abb. 4

Abb. 5

Abb. 6

Abb. 7

Abb. 8

Abb. 9

Abb. 10

Abb. 11

Abb. 12

Abb. 13

Abb. 14

Abb. 15

Abb. 16

Abb. 17

Abb. 18

Abb. 19

Abb. 20

Abb. 21

Abb. 22

Abb. 23

Abb. 23a

Abb. 24

Abb. 25

Abb. 26

Abb. 27

Abb. 28

Abb. 29

Abb. 30

Abb. 31

Abb. 32

Abb. 33

Abb. 34

Abb. 35

Abb. 36

Abb. 37

Abb. 38

Abb. 39

Abb. 40

Abb. 41

Abb. 42

Abb. 43

Abb. 44

Abb. 45

Abb. 46

Abb. 47

Abb. 48

Abb. 49

Abb. 50

Abb. 51

Abb. 52

Abb. 53